岩波現代文庫

学術 6

J.ハーバーマス

三島憲一[編訳]

近代
未完のプロジェクト

This Japanese edition published 2000
by Iwanamni Shoten, Publishers, Tokyo
by arrangement with
Suhrkamp Verlag, Frankfurt am Main
through the Sakai Agency, Inc.

序　文

そのつどのアクチュアルなテーマに応じて書かれたいくつかの論考を、友人の三島憲一氏が一冊の本に編んでくれた。これらは、ジャンルとしてはジャーナリスティックな文章に属するものである。講演やエッセイもあれば、激しい論争的文章もある。これらは、政治的な発言《インターベンション》だが、だからといって、著者本人がどのような哲学的な背景から書いているかが見えてこないわけではない。本書の論考で私がそのつど自分の意見を表明した挑発的な問題は、七〇年代後半のいわゆる「気分の変化」(それまで声の大きかった社会批判が退潮して保守化が始まったときのキャッチフレーズ)から、九〇年代の統一ドイツにおけるさまざまな問題にいたるもので、テーマも多岐にわたっている。時代診断をめぐる新保守主義とポスト・モダンの論争もあれば、「市民的不服従」の行動の合法性をめぐる論争もある――この「市民的不服従」は、まさに核ミサイルの配備決定によって行使されたのである。またスターリン主義による大量殺害を云々することで、ナチの大量殺戮の犯罪を「相殺」しようとする企てが正当か否かをめぐる論争(いわゆる「歴史家論争」)もある。さらには、統一されたネーションが共和主義的自己理解をもつべきことをテーマとした論文もある。また、ソ連崩壊が正統派左翼にすらもたらした帰結がどういうものであるかについての論考もあれば、「二重の過去」の「消化・克服」という一九八九—一九九〇年以降に生じた新たな状況を論じたものもある。残虐な外国人憎悪の再来を主題にした論文もある。さらには、比較的同質な住民たちのエスノ・ナショナルな自己理解への「マルチカルチュラルな」挑発にどのような正しい政治的返答をするべきかも扱われている。

こうしたさまざまな問題には日本でも類似した現象があるかもしれない。とはいえ、それぞれの議論は、あるナショナル・コンテクストから別のそれへと簡単に移植できるものではない。これら日々の政治的出来事が、さまざまな哲学的観点から吟味されているとはいっても、それだけで、コンテクストに依存したジャーナリズム的文章が、国境を越えた、普遍的な利害を保証するに充分であるかどうか、それについて評価することは私にはできない。しかしいずれにせよ、今日、哲学者や学者が時に応じて広く公共の場で発言する時の、インテレクチュアルとしての視点がどういうものであるか、それについて若干述べておけば、日本の読者の方々に本書がとっつきやすくなるかもしれない。

一九世紀末のフランスで、ドレフュース事件の最中、はじめてアナトール・フランスが、現代固有の、今日普通に使われる意味で「インテレクチュアルズ」という言葉を使用した。

彼が見るインテレクチュアルズとは、普遍的な利害を先取りするかたちで公的な事柄に言葉と文章によって介入する知識層の人々、その際に自分の職業上の知識を職業以外のところで、しかも「いかなる政治的党派の委託もなしに」使用することで介入する人々のことである。彼のこうした記述を見るとすでに、インテレクチュアルズの理念的な特性が透けて見えてくる。つまり、公共の事柄に参画するにあたってそれ相応の知的能力があるが、しかし、それはスペシャリスト的な意味ではないし、政治的な参画であるが、しかし、それは誰かに委託されたわけではない。明確に党派的立場を明らかにするとはいえ、いかなる組織にも服しているわけではない――そうしたアンガージュマンに相応する役割のことである。その上、インテレクチュアルズは、その発言の向けられた特定の読者対象が個々のケースでそれぞれ異なろうとも、判断能力のある、そして発言に反応して自分の見解を表明する読者公衆を信頼している。彼らの「イエス」と「ノー」を通じて、政治的に影響力のある見解が浮かび上がってくるような、そうした読者公衆を前提にしている。インテレクチュアルズは、半ばであれ機能する、リベラルな公共圏という共鳴板が頼りなのである。

こうしたタイプは、かつての文豪や碩学がもっていた自己理解を離脱している。インテレクチュアルズは、現代の著述家や科学者のプロ意識を持つと同時に、可謬主義的な意識を抱いているし、同時に、デモクラシーの中の国家公民が持つ平等志向を備えている。たしかに、自覚したインテレクチュアルズならば、よりよき立論がもつ力を信頼しており、その際に、迫力ある言葉を、また専門職業人としての知識に由来するよい評判を利用するかもしれない。しかし、彼がよく分かっているのは、デモクラシーにおける決定過程においては、彼の発言は、他のどんな市民の発言以上の重みを持つものではない、という、このことである。いかなる組織力の後盾もなく、またいかなる弾圧手段や、買収とか誘惑といった方法も用いないインテレクチュアルズは、マスメディアによって支配管理された公共圏のなかでいわば素手で立っている数少ない役者の一人なのである。いずれにせよ、このタイプは、自分の言葉の受け手たちをうまい言葉で操《マニピュレート》れるとは思っておらず、むしろ、彼らがこちらのいうことを内面から理解して信じて貰う以外に仕方ないと考えている。インテレクチュアルズのこのようなプロフィールと並んで、同じ時期に成立したのが、インテレクチュアルズ自身によるインテレクチュアルズ批判である。

　ドイツではインテレクチュアルズの役割は、ずっと後になって少しずつ定着してきた。客観的に見れば、第一次世界大戦前や戦間期のドイツでもインテレクチュアルズは存在したが、彼ら自身が自分たちのことをインテレクチュアルズとは考えていなかった。ほんの少数の例外を除けば、彼らはいわゆる「精神の人間」というエリート的な意識を持っていて、政治のような汚らしい仕事のはるか高みにあって、高級で孤立した文化の代表者であると、自分たちのことを思いこんでいた。そうでない場合は、党のために働く存在、「組織の一員」となって、教養市民としての出自から自らを解き放ち、直接的な政治闘争に加わっていた。戦後のドイツ連邦共和国においてはじめて、自らの存在のあり方を是認するインテレクチュアルズの層が形成されてきたのである。

著述家や、やがては次第に学者たちが公共の事柄に参画して発言するのはごく正常なことである、という、フランスではドレフュース事件の後に定着したことが、ドイツでは第二次世界大戦が終わってから、遅ればせながらやっと生じたのである。一九四五年の敗戦は、道徳的破局でもあり、結果としてヴァイマール期に由来するもろもろのメンタリティは通用しなくなっていた。それ以来というもの、ドイツ人の政治文化の特徴は、偽りの連続性に対してインテレクチュアルズたちが不信の念を懐き続けていることである。公共の世論の場に登場したのは、なによりも積極的に発言する若い作家たちである――代表は四七年グループである。さらには、カール・ヤスパース、オイゲン・コゴン、そしてテオドール・W・アドルノのような教授たちも影響力を増していった。彼らはナチ時代に沈黙せざるを得なかったか、強制収容所に入れられていたか、あるいは、ドイツを追われた人々である。

六〇年代初頭、『シュピーゲル』事件で、こうしたプロセスが一応、終了したと言えるであろう。「精神と権力」といったテーマ立ては、戦後しばらくの間はなおも、そのいささかセンチメンタルな響きとともに使われてはいた——たしかに、インテレクチュアルズと政府との間に理解が成立しない状況が消えていったのは、ヴィリー・ブラントを首班とする社会民主党と自由民主党との連立政権〔一九六九年成立〕においてであった。とはいいながら、精神をフェティシズム的に崇拝し、政治権力を単に道具的な手段としてのみ理解するという、ヴァイマール時代の基本的前提は、ブラント以前に有効性を失っていた。その点は、六〇年代以降、インテレクチュアルズが獲得した新たな影響力を文字どおり体現しているハインリヒ・ベル、ギュンター・グラス、あるいはアレクサンダー・ミッチャーリヒといった人々を見ると明らかである。平等志向で可謬主義的になった「精神」は、エリート意識に溢れた教養ヒューマニズムおよび、プラトン的伝統による強い意味での《エンファーティシュ》真理概念というこのふたつをかなぐり捨てたのである。こうしたインテレクチュアルズは、デモクラシーに根ざす市民からなる社会という規範的自己理解を身につけている。つまり、現実はいかに違おうと、そこにおける立論を通じて態度の変化というものがもたらされるはずの公共の議論の場、そうした公共圏が持つ社会的統合の力を彼らは信じているのである。

このように見ると、シビル・ソサエティに根をおいた公共の議論の場という散漫なネットワークこそは、高度に複雑化した社会が自己自身についての意識を作り上げる場で今なおあるということ、そして、この社会が自らに対して意識的に政治的に働きかけ、変化していかなければ解決できないような問題が論じられる場であることがわかる。こうした政治的公共圏のいろいろな主題が扱われ議論が交わされるにあたっては、さまざまなアクターがいるにはちがいない。だが、これらもろもろのアクターたちの中で、インテレクチュアルズの特徴は――彼らの自己理解によれば――いかなる機関をも代弁せず、頼まれもしないのに、社会全体にかかわるテーマについて筋の通った意見を言うために、自らの職業的能力を用いる点である。その意味で彼らの役割は専門家《エキスパート》の役割とは異なる。なぜなら専門家は、程度の差はあっても「技術的な」問いに答えを出す存在、答えを利用する人々からの問いに答える存在にすぎないからである。

もちろん、インテレクチュアルズの役割は今日では、著述家や哲学者たちだけが占めているわけではない。だが、作家や具体的職業人や、あるいは狭義の科学者たちに較べて、哲学者の方が、それへの準備がよくできているような問いもいくつかある。第一に哲学は、時代診断にもとづく現代社会の自己理解について、哲学固有の議論を展開できる。なぜなら一八世紀末以降、「近代論」は、理性の自己批判という哲学的な言語によってなされてきたからである。第二に哲学は、徹底的に科学化された技術、市場形態を取ったメディア、そして日常生活の法制化の介入によって生活世界が歪められ、その十全なあり方が脅かされている事態に対するセンシビリティを持っている。哲学がこのように生活世界の植民地化を感じとる感性を特に持っているのは、哲学というものが、学問〔科学〕だけでなく、常識とも親密な関わりを持っており、エキスパートの言語だけでなく、日常生活の言語も同じように理解できるからである。第三に哲学は、その生い立ちからして、倫理および公正なる政治的共生にかかわる根本問題を論じることができるからである。哲学とデモクラシーは、ギリシアのポリスという、単に歴史的に同じ成立のコンテクストに由来するだけではない。構造的に見ても両者の間には親和性があるのだ。哲学的思考は、自由なコミュニケーションのための〔デモクラシーの〕諸制度を必要としており、また他方で、デモクラシーに依拠したディスクルスは絶えず危険に曝されており、合理性を擁護する者たちが注意深く見ていて、言論で介入する必要があるのである。

シュタルンベルクにて　一九九九年一一月

J・H

目　次

III

I

近代　未完のプロジェクト

解題　その後さまざまなかたちで議論の対象となっているこの文章は、一九八〇年九月一一日、ハーバーマスがフランクフルト市のアドルノ賞を授与された際の記念講演である。訳出にあたっての技術的問題だけを付け加えておきたい。まずは「モデルネ」なる語の訳についてである。表題はやむを得ず「近代」としたが、本文中ではほぼ全面にわたって片仮名による「モデルネ」を採用せざるを得なかった。日本語の「近代」は、多くの場合、「現代」に対立するニュアンスも持たされているし、一九世紀後半以降は含めにくい感じもあるからである。カントは近代哲学であるが、フッサールやアドルノやサルトルは現代哲学という語感は否定し難いし、歴史家も近代史と現代史の区別をつけているが、本文中の「モデルネ」は両方にまたがっているからである。

元来「モデルネ」は、ドイツで一九世紀後半から今世紀前半にかけてのいわゆる「文学的モデルネ」(ホフマンスタール、カフカ、ムージル等々)を指して使われ、同時に他の芸術領域にも援用された言葉と思われる(少なくとも初出よりも、言葉の流布度から見て)。本稿で芸術の問題が中心になっているのも、それゆえ偶然ではない。ハーバーマスはそれをさらに拡大して、日本の西欧研究でいう「現代」の諸潮流にも、さらにはルネサンス、啓蒙主義以降の「近代」的思考全体にも拡大している。近現代全体をその帰結のひとつである一九世紀後半以降の文化的モデルネの諸問題から——毀誉褒貶まちまちで、特に相当な近代主義者でも時として敬して近づかぬ芸術的モデルネ、比較的「わかりやすい」市民社会芸術を乗り越えて進むシュルレアリスムなどのアヴァンギャルドやバウハウスに象徴される新建築運動などの芸術的モデルネの諸問題から——把え返そうとしているのであろう。本文中の「モデルネ」はこうした種々の意味合いのどれかひとつに比較的同定しやすい用法もあれば、いくつかを重ね合わせたり、全部を含ませたりしているものもある。

訳文の最初のうちは参考までに〔　〕内に私なりに同定した意味を書き加え、中半以降は、その煩を避けた。同定といっても、実は全体的意味を響かせながらハーバーマスが使っていることは確かであり、さらには論旨の展開に伴ってその全体的意味がますます前面に躍り出て来る以上、後半は同定の必要も意味もないと判断したからである。ただし、そのモデルネと違うものをめざしているポスト・モダンについては——それがこの講演のテーマでもあるが——ここで英語式の表記にしてもいいのだが、煩雑になるので「ポスト・モデルネ」としておいた。

なお、Seyla Ben-Habib による英訳も参照した。

ヴェニスのビエンナーレには画家や映画製作者についで建築家も参加を認められるようになったが、この第一回建築家ビエンナーレに対する反響は、失望のそれであった。出品者たちは、闘う相手を間違えて逆向きの戦線を形成することになってしまったのである。

「過去の現前」というモットーのもとに彼らは、モデルネ〔現代芸術〕の伝統を犠牲にしてしまい、それによって新しき歴史主義の登場を許してしまった。これについて『フランクフルター・アルゲマイネ』紙の批評家はこう書いている。「モデルネ〔現代芸術〕の全体が、過去との対決によって滋養分を得ていたこと、つまり、日本なしのフランク・ロイド・ライト、古代と地中海風建築なしのル・コルビュジエ、シンケルとベーレンスなしのミース・ファン・デァ・ローエは考えられないこと——こうした事実は沈黙のうちに無視されてきた」とコメントしながら、「ポスト・モデルネは、決定的に反モデルネ〔反現代精神〕として自己理解を提示している」[1]と結論づけている。このテーゼはただ単にそのきっかけとなったビエンナーレにとどまらず、時代全体の動きを診断する重要な意味を持っている。

　このテーゼは、目下のところあらゆる知的領域にじわじわと浸透してきたひとつの心情傾向を表現している。つまり、啓蒙以後とか、ポスト・モデルネとか、歴史以後といった理論、ひとことで言えば、新しい保守主義を登場させてきたある種の心情傾向のことである。ところが、アドルノと彼の仕事はまさにこうしたものの対極に位置しているのだ。

　アドルノは、いかなる留保もつけずにモデルネ〔現代〕の精神に忠実であろうとした。それゆえ彼は、本物のモデルネ〔現代芸術〕と単なるモダニズムを区別しようとする試みがなされただけでも、もうそこに、モデルネが放つ挑発に対する感情的反発を嗅ぎ取ったほどである。こうした状況である以上、アドルノ賞に感謝の気持を表明するにあたって、今日におけるモデルネの意識状況を問うのは、あながち不適切とは言えないと思われる。果たして、ポスト・モデルネの連中が主張するように、モデルネは本当に過去のものになってしまったのだろうか？　それともあちこちで騒がしく多様な音程で、今こそポスト・モデルネだと言われているこのポスト・モデルネは、単なるまやかしなのだろうか。ポスト・モデルネというキャッチフレーズのうちには、一九世紀中葉以来の文化的モデルネに対するさまざまな感情的怒りが、気づかぬうちに継承されているのだろうか？

古典派と現代派

アドルノのように「モデルネ」の開始を一八五〇年頃と見る人々ならば、モデルネを見る眼は、ボードレールやアヴァンギャルド芸術のそれということになるだろうが、この文化的モデルネという概念には実は長い前史がある。そこで、ハンス・ローベルト・ヤウスが究明したところにしたがって、(2) その前史を手短かに述べておこう。「モデルン〔現代的〕」という言葉が最初に用いられたのは、五世紀後半のことであり、それは、当時公式の存在になったばかりのキリスト教の支配する現代を、異教によって支配されたローマという過去から区別するためであった。その後、意味される中味は異なりながらも、「モデルニテート〔現代性〕」なる表現は、そのつどの時代が古典古代という過去と自己との関係について持つ意識を表わし、それぞれの時代が自分自身を「旧」から「新」への移行の結果として理解するのに寄与してきた。このことは、我々から見て近代の始まりであるルネサンスについて言えるだけではない。カール大帝の時代や一二世紀、また啓蒙主義の時代にも人々は、自分たちのことを「モデルン〔現代的〕」として理解していた。つまり、ヨーロッパにおいて新しい時代の意識が、そのつど古典古代に対する新しい関係を通じて形成されるたびに、「モデルン〔現代的〕」という自己理解が出て来たのである。とはいえ、その過程を通じてもやはり古典古代(antiquitas)は、あの有名な新旧論争に至るまで、つまり一七世紀末のフランスにおける擬古典主義的な時代趣味の支持者たちと現代派の論争に至るまで、なおも規範的なものとして、つまり模倣されるべき模範としての地位を保ち続けていた。古代世界の古典的作品群が、そのつど現代派と思っていた人々の精神に及ぼし続けていた呪縛がようやく解け始めたのは、フランス啓蒙主義における〈完成の理想〉によってである。つまり、近代《モデルン》科学の息吹に染まって、認識の無限の進歩への信仰が生じ、さらに人間は社会的‐道徳的にますますよい状態に進歩して行くという考え方が生じてからのことである。最後にモデルネは、古典的なものに対してロマン的なものを対置させ、それによって自分自身の過去を、理想化された中世に求めることになった。しかし、このロマン主義はやがて一九世紀が進むうちに〔特定の時代を理想化するものではなくなり〕、あらゆる歴史的な枠組みから自らを断ち切ったきわめてラディカルな現代性《モデルニテート》の意識を生み出すことになる。つまり残るものは、伝統に対する現代、いや歴史全般に対する現代という抽象的な対立関係だけとなったのである。

こうして今やモデルンとは、時代精神がアクチュアリティへとたえざる内発的な自己革新をするさまを表現へと客観化するものを意味するようになった。モデルンとされる作品の特徴は、新奇さにある。それは、次の新しい様式によってたえず追い越され、評価を落とされていくにはちがいない。とはいえ、ただ単に流行に乗ったものは、時間がたつとともに流行遅れで、旧式なものになっていくが、それに対して真にモデルン〔現代的〕なものは、古典的なものとある種の秘密のつながりを保持しているのである。昔から時代を越えて生き残るものが、古典的と呼ばれて来たにはちがいない。強勢的な意味でモデルンな仕事も、時代を越えて生き残るこの力を持っているが、もちろんのことその力をなんらかの過去の権威に寄りかかって受け取っているのではない。それは、過去においてアクチュアルであったものが持っている本源的な実質(Authentizität)のしからしむるところなのである。このように今日アクチュアルであるものが明日には昨日のアクチュアリティに転換する様は、消耗でもあるが、また同時にそれは生産的でもある。つまり、ヤウスが言っているように、自らの古典性を作りあげるものは現代性をおいて他にはないのだから。事実われわれは、最近ではごく当たり前のように「古典的モデルネ」〔前世紀後半から今世紀前半の芸術運動を現わす言葉〕という言い方をしているではないか。アドルノは、モデルネとモダニズムを区別することに強く反対しているが、「その理由は、新しいものの魅力に動かされるような心性を主体が持たないならば、モデルンなものも客観的作品として結晶し得ないからである(3)」と言っている。

美的モデルネの心性

こうした美的モデルネの心性が明確な姿を取り始めたのは、ボードレール、特に、E・A・ポーの影響を受けた彼の芸術理論においてである。こうした心性は、さまざまなアヴァンギャルド運動の中で花を開き、ダダイストのカフェー・ヴォルテールや、シュルレアリスムにおいて大きな高まりを見せた。それらに共通する特徴は、変化した時間意識を求心点とする態度である。こうした新しい時間意識がよく現われているのは、〈前衛〉、つまりアヴァンギャルドという言葉に見られる空間的メタファーである。アヴァンギャルドは未知の領域に入り込む探険家として、突然のショッキングな遭遇の危険に曝されつつ、未だ占領されていない未来を征服するのである。アヴァンギャルドは、未だ誰も測量したことのない土地にわけ入り、方位、すなわち針路を見定めようとする。だが、前へ向かって進もうとするこの努力、未だ定まっていない偶発的な未来への予感、新しきものへのこうした崇拝は、本当のところ、アクチュアリティの賛美なのである。つまり、そのつどもう過去にすぎないとして主観的に決めつけた過去を産み落としていくような、そうしたアクチュアリティである。ベルクソンとともに哲学の中にも入ってきたこの新しい時間意識が表わしているのは、ただ単に流動化した社会とか、動きの早くなった歴史とか、日常生活における非連続性といった経験にとどまるものではない。それだけではなく、一時的なもの、瞬間的で過ぎゆくもの、またうつろいやすいものの価値を高めたことであり、こうしたダイナミズムへの讃美の中に表明されているのは、静止した汚れなき無垢の現在を求める憧れの念なのである。その点でモダニズムは、たえず自己自身を否定する運動であり、オクタビオ・パスによれば「真の現在への憧れ」であり、まさにこれこそが「モダニズムの最良の詩人たちの秘密のテーマ」(4)なのである。

　モデルネが歴史に対して抽象的な対立関係を持つのは、こうした理由による。これによって、連続性を保証する伝統、それぞれの段階が明確に積み重なってできあがっている伝統という構造は歴史から失われてしまった。過去の個々の時代はもはや明確な相貌を持たないものとなり、そのかわりに、遥かに遠いもの、もしくはきわめて手近かなものと現代とのヒロイックな親近性に重点が移った。デカダンスは、野蛮なもの、野性的なもの、原初的なもののうちに、直接に自己のあり方を認めるようになったのである。歴史という連続的なものを吹き飛ばそうとする、こうしたアナーキーなもくろみを見ると、美的意識には、反抗的転覆の力があることがわかる。この美の意識は、伝統による規範化の作業に反抗し、いっさいの規範的なものに対する叛乱の経験を栄養源としている。そして道徳的な善とか実際上の有効性といったものを骨抜きにし、秘儀とスキャンダルの弁証法をたえず演じ続ける。つまり、冒瀆行為をする時の恐怖が持つ魅力のとりこでありながら、また同時に、そうした冒瀆の結果があまりに月並みであるのを見ると、そこからまた逃げ出して行くのである。アドルノはこの事情を次のように表現している。「崩落の傷跡こそが真のモデルネの証しである。つまり、この傷によってこそ、なにも変わらない退屈さが持つ閉ざされた完結性を絶望にとらわれつつ否定するのである。爆発こそがモデルネの不変の特性である。伝統を拒否するエネルギーは、すべてを呑み込む渦巻となるのだ。そのかぎりでモデルネは自己自身に適用されれば、モデルネ自身が〔自ら過ぎ去った過去として克服されるべき〕神話なのである。神話の無時間性は、時間的連続性を打ち砕く瞬間の破局性へと変じるのだ[5]」。

もちろん、アヴァンギャルド芸術に表明されている時間意識が、徹頭徹尾、反歴史的であるというわけではない。ただ、偽りの規範性に対抗しているだけである。つまり、模範を模倣すれば事足れりと考えるような歴史理解に由来する偽りの規範性に逆らうのである。こうした偽りの規範性を尊ぶ歴史理解は、ガダマーの哲学的解釈学においてすら消し去られてはいないものである。それに対して、この新しい時間意識は、歴史主義のおかげでたえず参照可能となった、過去の作品群を利用しはするが、歴史主義によって博物館に閉じ込められてしまったような歴史に対しては、つまり、歴史主義によってなされた規準の中立化に対しては、強く反抗する。こうした精神にもとづいてヴァルター・ベンヤミンは、歴史主義以後(posthistoristisch)における、モデルネと歴史の関係を作ろうとしたのである。フランス革命の当事者たちが自分たちをどう見たかについて彼はこう述べている。「フランス革命は、ちょうど流行が昔の衣装を引用するように、過ぎ去ったローマを引用したのだ。流行というのは、過去という藪の中のどこであろうと、その中で隠れて動くアクチュアルなものへの嗅覚を持っているのだ」。そしてロベスピエールにとって古代ローマは、「いま」(Jetztzeit)によって充電された過去であったのと同じように、歴史家は「彼自身の時代が特定の過去の一時代と織りなす」星座的関連を捉えねばならない。こうして歴史家は、「メシア的な時間のかけらがきれぎれに含まれている」「〈この今〉としての現在」という概念を作り上げるのだ、というようにベンヤミンは見ている。(6)

だが美的なモデルネのこうしたメンタリティは、このところすっかり老化している。六〇年代には今一度引き合いに出されはしたものの、七〇年代が終わった今となっては、モダニズムがほとんど注目を浴びなくなっていることは、認めざるを得ない。モデルネの信奉者であるオクタビオ・パスはすでに当時、若干のメランコリーを込めて次のように書き記している。「一九六七年のアヴァンギャルドは一九一七年のアヴァンギャルドの行動や身ぶりの繰り返しである。われわれが経験しつつあるのは、現代芸術《モデルン》の理念の終焉なのである」。(7) そしてペーター・ビュルガー(＊1)の研究にもとづいて、今日われわれは、ポスト・アヴァンギャルド芸術という言い方すらするが、この言い方を用いるのは、それがシュルレアリスムによる反抗が破綻したことをもはや隠そうとはしないからである。しかし、この破綻とはなんのことだろうか？　破綻とは、モデルネ一般からの訣別を告げるものなのだろうか？　ポスト・アヴァンギャルドということ自体が、もっと一般的なモデルネ以後、つまりポスト・モデルネへの移行を告げるものなのだろうか？

事態を実際にこのように見ている一人が、有名な社会理論家で、アメリカの新保守主義者の中で最も雄弁なダニエル・ベルである。ある興味深い本の中で(8)彼は、西側の先進社会に見られるさまざまな危機現象の根は、文化と社会の乖離にあるとしている。つまりモデルネの文化と、経済および行政のシステムに由来するもろもろの必要性とのあいだの乖離に見ることができるという説を展開している。彼によれば、アヴァンギャルド芸術は、日常生活を律するもろもろの価値志向の中にまで浸透し、われわれの生活世界をモダニズム的な心性で毒していることになる。このモダニズムこそが大いなる誘惑者であり、際限なき自己実現という原理、純正な自己経験への熱望、過敏なる感性という主観主義をはびこらせている。それによって快楽主義的な動機に勝手な振る舞いを許している。だが、まさにこうした快楽主義的動機こそ、職業生活における規律正しさと折り合い得ないものであり、もっと一般的に言えば、目的合理性による現代の生活を支える道徳的基盤とは水と油であるとベルは論じている。このような論法でベルは、我が国でいえばアーノルト・ゲーレンと同じやり方で、プロテスタント的倫理の崩壊というすでにマクス・ヴェーバーを悩ましていた現象の責任を、「反抗的文化」(adversary culture)なるものに押しつけるのである。つまり、この文化のもつモダニズムこそは、経済と行政によって合理化された日常生活における約束事や道徳的価値への敵対心を煽るものだというのである。

他方で——あくまでもこうした理解の仕方から言えばだが——モデルネの与えた衝撃の命脈は尽き果て、アヴァンギャルドは死に瀕しているということになる。今なお影響は拡がりつつあるとはいえ、もう創造的な働きを失っているのだという見方となる。こうした見解にもとづく新保守主義者にとって問題は、次のようになる。つまり、「自由放埒に限界を定め、規律と労働倫理を再建しうるような規範はいかにしたら確立できるのか？　すなわち、社会福祉国家的な水平化に対して、個人的業績の競い合いのもつ美徳を強調しうるような規範はいかにしたら実現しうるのか」という問題である。この点でベルが唯一の解決手段として見ているのは、宗教的革新なるものである。あるいは言い方を換えれば、批判に対する免疫性を持つ自生的な伝統、明白なアイデンティティを与えてくれる伝統、一人一人の生存に安定感を与えてくれる伝統につながることである。

文化的モデルネと社会的近代化

とはいってももちろん、こうした権威的な指示を与えてくれる信仰の力を、手品のように呼び出すこともかなわないとなると、このような分析の仕方から要請される行動基準はひとつしかない。つまり、文化的モデルネの知的担い手たちとの精神的および政治的な対決だけである。これは、我が国においても流行していることである。ここに、七〇年代の知的風土の相貌を形づくる新保守主義の新しい思考スタイルを冷静に観察した文があるので、引いておこう。

彼らによる議論は、ただ野党的メンタリティの表れと見なしうるすべてのものは、つきつめるとなんらかの過激派的精神とつながっているかのように描き出すかたちを取る。例えば、モダニティの精神とニヒリズムのあいだに連関を認め、社会福祉プログラムと物盗りとを、国家による調整的介入と全体主義とを同一視し、軍需予算の批判を共産主義への盲従と見なし、フェミニズムや、また同性愛の権利擁護運動と家庭の破壊のあいだにつながりをつけたり、およそ左翼一般とテロリズムまたは反ユダヤ主義とのあいだに、いや、それどころか左翼とファシズムとのあいだにすら結びつきを作り出してしまうのである。(9)

このように発言するペーター・シュタインフェルスは、アメリカの状況だけを念頭に置いているが、並行現象は我が国においても明らかにある。我が国でも反啓蒙的立場の知識人が火をつけた、激烈で個人攻撃にも近い知識人糾弾があるが、それを彼らの心理によって説明してもあまり意味はない。そうした激烈で個人攻撃的な調子の理由はむしろ、こうした新保守主義の御高説に潜む分析力の弱さにあるからである。

つまり彼ら新保守主義者は、経済と社会の資本主義的近代化が多かれ少なかれ上首尾に進んだ結果として生じた面白からぬさまざまな難問の責任を、文化的モデルネに押しつけているのだ。社会の近代化という彼らにとって歓迎すべき動きと、意欲の減退〔Motivationskrise＝主体的動機の危機〕とのあいだにある連関を――その減退をカトーのひそみにならって慨嘆するばかりで――視野の外に押しやっている。労働に対する考え方や消費習慣が変わり、要求の水準も高くなり、余暇中心志向が出て来たことの社会構造上の原因を取り出すことが彼らにはできない。だからこそ、さまざまな現象がいまや快楽主義に見えたり、献身的姿勢や服従的態度が欠如していると思えたり、またナルシシズムに思えたり、地位を求める能力競争からの脱落と感じられてしまったりというわけで、それらすべての責任を直接にこのモデルネの文化に押しつけようとするのである。しかし、このモデルネの文化は、こうした難問が生じてきた過程に、せいぜいのところきわめて媒介された、間接的な形でかかわっているに過ぎないのだ。したがって新保守主義者の側としては、こうした原因を分析し得ていないために、今なおモデルネというこの企てに忠実であろうする知識人たちを元凶として槍玉にあげざるを得ないのだ。なるほどダニエル・ベルは、市民的諸価値が侵食されている事態と、大量生産に照準を合わせた消費万能主義とのあいだに関連を見てはいるが、これに関する自分自身の議論をあまり感心したものとは見ていないようで、こうした新しい放任主義的態度(Permissivität)の原因をなによりも、もともとボヘミアン芸術家たちのエリート的なカウンター・カルチャーの中で生じた生活スタイルが蔓延してきたことに求めている。当然のことながら、こうしたベルの議論は、すでにアヴァンギャルド自身がその犠牲になってしまったひとつの誤解を変奏しているだけなのである。その誤解というのは、芸術家的生活を現実への反抗としてもったいぶって持ち上げ、それを社会的に押し広めて行くことで、芸術の中に間接的に込められている幸福の約束を実現させることが、芸術の使命にほかならないとする考え方である。

美的モデルネの成立期を振り返りながらベルは、「経済の問題に関してラディカルであったブルジョアジーは、道徳と趣味の問題に関しては保守的になっていった」[10]と述べているが、もしそのとおりなら、新保守主義は、その有効性を証明ずみの市民的心性というパターンへの回帰であると見ることもできよう。しかし、こうした見方はあまりに単純すぎる。すなわち、新保守主義が今日において依拠する気分的状況は、博物館から日常生活の中へと飛び出してきた沸騰するモデルネの文化が結果として陥ってしまった二律背反への不満に由来するものでは決してないからである。新保守主義を支えるこの不快感を生み出したのはモデルネに従う知識人たちではない。その根はもっとずっと深く、社会の近代化に対する反発に由来している。すなわち、社会の近代化が、経済成長や国家による組織的活動〔行政や福祉〕のもつ強制力に促されて、自然に生い育った生活形式の生態系(Ökologie gewachsener Lebensformen)に闖入して来ることへの、つまり、歴史的な生活世界のもつ対話的な内部構造(kommunikative Binnenstruktur geschichtlicher Lebenswelten)を侵食することへの反発に由来しているのだ。都市環境や自然環境の破壊、つまり、人間らしい共同生活のさまざまなあり方の破壊に対する不安は著しく広がっており、例えば新ポピュリズムともいえる抵抗運動は、そうした不安をまさに先鋭な形で表現しているものと見ることができる。こうした不快感や抵抗運動が発生する多様なきっかけを見ていると、そこには必ず、経済的および行政的合理性にのっとった一面的な近代化が、文化的伝統の継承や社会的統合、さらには教育等の課題を芯に持つ生活領域に闖入してきているという現象がある。つまり、単なる合理性とは異なった基準、ようするに対話的合理性(kommunikative Rationalität)の諸基準に依拠した生活領域に侵入して来ているのである。ところが、新保守主義の教条はまさにこうした社会的プロセスからわれわれの注意を逸らそうとする。彼ら新保守主義者たちは、基本的な原因を自分たちでは明らかにし得ないままに、強固に自律したモデルネの文化、手前勝手で(eigensinnig)破壊的(subversiv)なモデルネの文化とその弁護人たちに責を押しつけることで、問題を別の次元に移してしまっている。

とはいえ、この文化的モデルネも、自己の中からそれ自身のアポリアを生み出していることも確かである。そしてまさにこのアポリアこそ、モデルネ以後の時代になったと叫んだり、モデルネ以前への回帰を勧めたり、あるいはモデルネそのものをラディカルに棄て去ろうとするさまざまな知的立場にとって、恰好の口実になっているのである。つまり、社会的近代化のもたらした諸問題とは別のところで、ということは、文化の発展の内部風景から見ても、モデルネというこのプロジェクトに対する懐疑の念や絶望感が生じて来ていることは確かである。

啓蒙というプロジェクト

モデルネの理念がヨーロッパにおける芸術の進展と密接な関係にあることは確かだが、わたくしが〈モデルネというプロジェクト〉の名で呼んだものを明確に把えるためには、この概念を芸術に限定する慣行をやめ、拡大しなければならない。マクス・ヴェーバーは、文化的モデルネを次のように性格づけている。つまり、それまでは宗教的および形而上学的世界像によって表現されていた実体的理性が、発展して三つの要因に分化してしまったというのである。しかもこの三つの要因は、今なおひとつのものにまとめられているとはいっても、それは（論証による根拠づけという形式によるもので）まったく形式的なものでしかないことになる。すなわち、もろもろの世界像は崩壊し、昔からのさまざまな問題は、それぞれ別種の三つの視点によって分けられてしまっている。その三つの視点とは、真理、規範上の正当性、それに純粋性(Authentizität)もしくは美であり、それによって昔からの諸問題は、認識の問題、正義の問題、そして趣味の問題として扱いうるようになった。この結果、近代において、科学〔学問〕、道徳、芸術という三つの価値領域への分化がもたらされた。そしてこれら三つの価値領域に対応した文化的行為システムが出来上り、それぞれのシステム内部で、学問的論述、道徳論上および法理論上の審理、芸術生産および芸術批評が、それぞれの専門家の仕事として制度化されるようになった。こうして文化的伝統が三つの――いずれも抽象的に妥当する――側面から職業的に扱われるようになったため、それぞれに対応する知的集積も、認識的・道具的(kognitiv-instrumentell)、道徳的・実践的(moralisch-praktisch)、美的・表現的(ästhetisch-expressiv)なそれへと分化し、それぞれが固有の法則性(Eigengesetzlichkeit)を持つようになった。今や、科学、道徳論・法理論、そして芸術にはそれぞれの内的な歴史が〔科学史、道徳史と法制史、芸術史として〕生じてきた――もちろんこうした進展は単線的な筋道を辿ったわけではないが、それはやはりなんといっても、知の学習過程であった。これが事柄の一面である。

ところが他面では、こうした進展に伴って、各種専門家の文化と広汎な公衆との距離が拡がってきた。専門家による処理と反省を通じて文化の中味が増大しても、それがそう簡単に日常的実践の共有物になるとはかぎらなくなってしまった。むしろ文化的合理化に伴って、生活世界は自身の伝統のもつ実質的な価値を奪われ、文化的貧困化の危険が増大している。一八世紀に啓蒙主義の哲学者たちによって表明されたモデルネのプロジェクトが目ざしていたのは、客観性を志向する科学を、また道徳および法の普遍主義的基盤を、そして自律的芸術を、それぞれ他に囚われることなくその強固な自律志向(Eigensinn)(＊2)において展開させることだったが、また同時に、こうして集積された知的潜在力を特殊な人間にしかわからない高踏的なあり方から解き放ち、実践のために、つまり、理性的な生活を形成するために役立てることでもあった。コンドルセのようなタイプの啓蒙主義者たちは、芸術と学問の発展によって自然の諸力に対する支配が進むだけではなく、世界と自我の解釈が、さらには、道徳的進歩が、公正な社会制度が、そしてついには人間の幸福が促進されるであろうという期待に満ち溢れていた。

二〇世紀は、こうした楽天的考え方の大部分を捨て去ってしまった。しかし、問題はいぜんとして変わっていない。つまり、今なお基本的見解の岐れ目はどこにあるかといえば、こうした啓蒙主義の志向――それがいかに挫けていようと――を守っていくのかいかないのかということにある。すなわちモデルネのプロジェクトを失敗としてあきらめるのか、あきらめないのかという問題なのである。例えば、人によっては、モデルネの知的潜在力のうちで、技術的進歩、経済成長、合理化された管理体制の形を取って実現しない部分はできるだけ封じ込め、結果として、日常生活が盲目の伝統に依拠している状態を、そうした知的潜在力からのいかなる影響も及ばないようにしておきたいとするが、そうした立場を取るのか取らないのかということである。

今日ではいわば啓蒙の後衛を務めている哲学者たちにあってすらも、モデルネのプロジェクトはばらばらに砕け、それぞれ奇妙な断片と化している。つまり、彼らは理性が細分化した結果として生じたさまざまな契機のどれかひとつに信頼を置くことしかできなくなっている。ポッパー、つまり開かれた社会の理論家としての彼は、たしかにまだ新保守主義者たちの陣営に取り込まれてはいないが、その彼は、科学的批判がもつ啓蒙的な力、政治的領域へも働きかけうる力を守り育てて行こうとしているが、しかしこうした考え方の代償として彼が支払っているのは、道徳的懐疑主義であり、美的なものに対するほぼ全面的な無関心である。パウル・ローレンツェンは、人工言語を方法的に構成するならば、そこには実践理性が具現化し、生の変革をもたらす力となりうると考えている。しかしこうすることで彼は、道徳めいた実践的正当化という狭苦しい軌道によって科学の流れを整流してしまい、ポッパーと同じに美的なものを無視している。反対にアドルノになると、理性を求める要請は極めて強いにもかかわらず、この理性の自己主張は秘儀的芸術作品に潜む抗議の訴えの身振りに閉じこもってしまっている。そして道徳はもはや根拠づけが不可能なものとされ、哲学に残る課題といえば、芸術の中に隠れ潜む批判的内実の存在を、間接話法的な表現で示唆するだけということになってしまっている。

西欧文化の合理主義の特徴としてマクス・ヴェーバーが見ていたこうした分化、つまり、学問〔科学〕、道徳、芸術への理性の分化は、これら諸領域が、専門家によって取り扱われ、自律的なものになる過程なのだが、また同時に、これら諸領域が伝統の流れから切断されてしまったことをも意味している。すなわち、日常の生活実践における解釈(Hermeneutik der Alltagspraxis)の積み重ねで自生的に継承されていく伝統から切り離されてしまったのである。この切断は、分化した三つの価値領域がそれぞれ固有の法則性を持っていることから生じる問題なのである。同じくこの切断は、こうした専門家の文化を「止揚」しようとする、失敗したいくつかの試みも生みだした。その過程は、芸術の問題にもっともよく読み取ることができよう。

カントと美の自律志向(Eigensinn)

非常に単純化して言うならば、近代における芸術の発展から、芸術の自律性がたえず増大していく傾向を見て取ることができる。もっぱら美というカテゴリーにのみあてはまるような対象領域が確立したのは、まずルネサンスにおいてであるが、やがて一八世紀において次第に、文学、造形芸術、音楽が、宗教や宮廷とは違う制度化された行為領域として確立してきた。そして最後に一九世紀半ばになると、芸術に関する耽美的な(ästhetizistisch)考え方が成立する。つまり、芸術家をして、作品を制作するときからすでに「芸術のための芸術」(l'art pour l'art)という意識をもたせるようにする考え方である。こうして美に備わる強固な自律志向(Eigensinn)そのものがめざされるようになった。

こうした過程全体の最初の段階から、科学や道徳といった形態の知的集積とは区別される認識上の諸構造が新たな領域として出現してきたことになる。やがて、こうした構造の解明は、哲学的美学の仕事となり、カントは、このような美的な対象領域の独自性を大変な努力によって描き出している。彼は趣味判断の分析から出発する。つまり、趣味判断はなるほど主観的なものに、つまり構想力の自由な戯れに依拠してはいるが、やはり単に片寄った好みの表明であるだけでなく、間主観的な同意をめざしたものだという分析である。たしかに美的対象は悟性的カテゴリーを使って認識できる〔科学上の〕現象分野に属していないし、実践理性の法則に服する自由なる行為の分野にも属していない。それにもかかわらずカントにおいて芸術の（そして自然美の）作品は、客観的判断の可能なものとされているわけである。こうして、真理が妥当する領域および当為の領域に並行して、美の妥当するいまひとつ別の領域が構成され、芸術と芸術批評の枠組みが根拠づけられたのである。人々は今や「美が事物の特性ででもあるかのように、美について語る」（『判断力批判』第七節）ようになった。

しかし当然のことながら、美はなんらかの事物の表象に付着しているだけであり、その点では、趣味判断が、対象の表象と快・不快の感情のあいだの関係にのみ関わっているのと同じである。つまり、仮象という媒体（Medium）によってのみ、ある対象は美的な対象として知覚されうるのである。対象は虚構的な対象となることによってのみ感官を触発し、それによって、客観化をめざす思考の概念装置や道徳的判断に把え込まれないなんらかのものが、表現にもたらされるということである。表象のもろもろの力の戯れが美的に動き始めることによって、ある心的状態が生み出されるわけであるが、カントはこの状態を〈関心なき適意（*interesseloses* Wohlgefallen）〉と性格づけている。ようするに、作品なるものが上質であるかどうかは、それの実人生上の連関とは無関係に決まるのである。

これまでの話で挙がった古典美学の基本概念としては、趣味、批評、美的仮象、没関心(Interesselosigkeit)、作品の超越性等があるが、これらは主として、美的なものを、それ以外の価値領域および生活実践から分かつための消極的なものであった。それに対して、芸術作品の創造に必要な天才という概念には、積極的な定義が含まれている。カントは天才を定義して「自然の与えた才能を持つ主観が、この主観の認識能力の自由な使用に際して示す模範的独創性」(『判断力批判』第四九節)と言っている。そしてわれわれとしては、天才概念につきまとうロマン主義以来の色合いを洗い落して、あまり表現に囚われずにこの事態を言い換えてみるなら、次のようになる。(＊3) 主観性が認識と行為に伴う強制の枠から離脱して、特定既存の焦点を持たなく(dezentriert)なった時に、そうした主観性と徹底的に(konzentriert)つき合うことによってなされる経験があるが、そのような経験に純正な(authentisch)表現を与える者こそ才能ある芸術家ということになる。

これは美的なものの強固な自律(Eigensinn)ということである。つまり、脱中心化し、外界に焦点を合わさないで、自己自身を経験する主観性における自己経験の客観化であり、日常の空間・時間構造からの離脱であり、知覚上や合目的的な行動が準拠する習慣的約束事からの離反であり、冒瀆と衝撃の弁証法である。こうしたことがモデルネの意識として出現しうるようになったのは、モダニズムの態度が現われて来てからのことであるが、そのためには二つの条件が満たされねばならなかった。その第一は、芸術制作と芸術鑑賞の制度化である。つまり、芸術制作が市場に依存して制度化され、芸術鑑賞が実生活上の目的から自由なものとして、批評によって橋渡しされながら制度化されることである。第二の条件は、芸術家が耽美主義的(ästhetizistisch)な自己理解を抱くことである。いや芸術家だけではなく、批評家もである。というのも彼ら批評家は、みずから公衆の代弁者であると思っているよりも、むしろ、解釈者であり、そうしたものとして芸術制作のプロセスに組み込まれていると考えているからである。こうしていよいよ絵画と文学において、ひとつの運動が――幾人かの人々がボードレールの芸術批評にすでに先取りされていると考える動きが――始まった。つまり、色彩も線も音声も身体運動も、それまではなによりも事物の表現に用いられていたのが、そうした表現への奉仕をやめ、これら表現の手段そのものが、そして制作の技術そのものが、美的対象の位置に昇格して来た。そしてアドルノは、彼の『美学理論』を次のような文章で始め得ることになる。「いまや自明なことは、芸術に関するいかなることも自明ではなくなっていることである。芸術自身も、芸術と全体との関連も、いや芸術の存在権さえも自明ではなくなっていることである」。

文化を止揚する試みの間違い

芸術の存在権そのものが問題視されるようになったのは、シュルレアリスムによってである。当然ながら、それは、近代芸術も、いやまさに近代芸術こそが、芸術自身と「全体との関係に関して」幸福の約束を身に帯びていたからであり、もしそうでなかったら、存在権が問われることはなかったであろう。シラーにあっては、美的観照がこの幸福の約束を与えていた。だが、それは、成就されることのないものだった。とはいえ、彼にあっては、約束そのものは、芸術を越えた遥かなユートピアの姿を明確に帯びている。そしてこの美的ユートピアの系列は、イデオロギー批判の立場から文化の現状墨守的性格を慨嘆するマルクーゼに至るまで続いていた。だがすでにボードレールにおいて、なるほど幸福の約束(promesse de bonheur)は繰り返されてはいるが、融和(Versöhnung)のユートピアは逆転して、融和のあり得ない社会的世界を批判的に反映したものとなっている。この融和のあり得ない状況は、芸術が生から遠ざかれば遠ざかるほど、そして、外部からは手を触れ難い完全な自律へと閉じこもれば閉じこもるほど、ますます苦痛を伴って意識されるようになる。はじき出されて、パリのばた屋と自己を同一視する人間の底知れぬ倦怠の中に投影されているのは、まさにこの苦痛である。

しかし、このような心情の回路の中で、爆発的なエネルギーが蓄積されてきた。やがてこのエネルギーは叛乱の中で解き放たれる。叛乱というのは、見かけだけは自足的な芸術の領域を吹き飛ばし、芸術を犠牲にすることで、無理矢理に融和を作りあげようという暴力的な試みのことである。こうしたシュルレアリスムのプログラムは、アドルノによると「芸術を拒否しながら、芸術をふりきることができない」[11]のだが、その理由を彼はきわめて正確に見ている。つまり、それは、芸術と生のあいだの、虚構と実践のあいだの、仮象と現実のあいだの落差をならす試みであり、こしらえ物の作品と日常の使用道具のあいだの、制作物とどこにでもあるものとのあいだの、入念な制作と自然な心情の動きとのあいだの相違を取り除こうとする企てであり、すべては芸術であり、誰もが芸術家であると宣言しようとする試みであり、そして、いっさいの基準を取り払って、美的判断を主観的体験の表現に合致させようとする試みである。こうしたありとあらゆる企ては、その後詳しく分析されており、今日では、ナンセンス＝実験というように見ることができるが、これらもろもろの実験こそは、まさにそれによって打ち壊そうとした古典的な芸術の諸構造を、意に反してそれだけ一層強烈に浮かび上らせることになった。その諸構造とは、媒体としての仮象、作品の超越的性格、芸術創造のもつ凝集的で計画的な性格、そして趣味判断が認識としての性格を持つことであるが、こうしたことがかえって強く浮かび上って来ることになった[12]。芸術の止揚というラディカルな試みは皮肉なことに、古典美学がその対象領域をなんとか記述しようとして使ったもろもろのカテゴリーの正当性を認めることになった——とはいえ、その際こうしたカテゴリーも当然のことながら変容している。

シュルレアリスムによる叛乱は挫折したが、そのことは、誤った止揚に伴う二つの間違いを明確にした。第一の間違いは、強固な自律に即して(eigensinnig)発展して来たひとつの文化的領域〔芸術〕というこの容器を壊してしまったら、中味も流れ去ってしまうということである。せっかく洗練されて来た感性を元に戻し、構造化された形式から構造を奪うならば、なにも残らなくなってしまい、解放につながる作用はそこからは出て来ないということである。しかしもっと重大な影響を持つのは、第二の間違いである。つまり、コミュニケーション的な日常実践の中では、認識次元での解釈、道徳上の期待、主観的な表現や価値評価は、相互に深く絡みあったものであらねばならない。生活世界における相互理解のプロセスは、これら全領域にわたる文化的伝統を必要としている。したがって合理化された日常生活を、それに伴う硬直した文化の貧困から救うために、どれかひとつの文化的領域——ここでは芸術の領域ということになるが——を無理矢理に開け放ち、専門化した知識の集積体のひとつであるものにすべてを接合しようとしても、どだい無理ということになる。このようなやり方では、せいぜいのところが、現状の一面性や抽象性を別の一面性や抽象性で置き換えるだけのことになる。

こうした間違った止揚のプログラムとその失敗は、理論的認識や道徳の分野でもその類例を認めることができる。ただ当然のことながら、芸術と違ってそれほどはっきりしていないだけである。たしかに学問も、また他方では道徳理論・法理論も、芸術と同様に自律化してはきた。しかし両者とも、実践の特殊な専門的形式との結びつきを保っている。つまり前者は科学技術と結びついているし、後者は、法的に組織化されながらも、その基盤においては道徳的正当性に依拠した行政管理上の実践と結びついている。そうはいいながらやはり両者とも、つまり制度化した学問も、また法体系の中で分裂した道徳的・実践的議論も、生活実践(Lebenspraxis)からかけ離れてしまっており、ここでも啓蒙のプログラムが、止揚のプログラムへと逆転しうるようになった。

青年ヘーゲル派の頃からこうした哲学の止揚というキャッチフレーズが徘徊している。そして、マルクス以後は理論と実践の関係への問いが提出されている。しかし、この段階では、知識人たちは労働運動と結びついていた。したがって、こうした社会運動のマージナルな地帯にいたセクト的グループにおいてのみ――シュルレアリストたちが芸術の止揚のメロディーを奏でたように――哲学の止揚のプログラムを演じてみる余地があった。そして、この試みが教条主義や道徳的厳格主義という帰結を生み出したことを見ると、芸術の場合と同じ間違いがあることが明らかとなる。つまり、日常の生活実践というのは、認識面、道徳的・実践的な面、そして美的・感情表現的(ästhetisch-expressiv)な面が無理なく自然に絡み合うことによって成り立っているわけであり、そうした日常の生活実践が物象化した場合に、それらの文化的領域のどれかひとつだけを強引に開け放って、すべてをそれにつなぎとめようとしても、その物象化を治療することはできないということである。さらに言うならば、学問、道徳、芸術のうちに集積された知識を実践において解き放ち、制度的に実現することと、こうした価値領域のどれかひとつの非日常的な代表者の生活態度の模倣をすることとは別のことであり、取り違えてはならない。つまり、ニーチェやバクーニンやボードレールが彼らの実際の生活において表現している反抗的な力を一般化するだけでは駄目なのである。

たしかにこのように、ある種の状況下では、文化のさまざまな要素の特定のひとつを過度に押し拡げようとするこうした意図と関連して、テロリスト的行動が出て来るかもしれない。つまり、こうしたテロリスト的行動は政治を美学化し、あるいは、道徳的厳格主義によって置き換え、または、なんらかの教説に依拠する教条主義に服させようとする心情とつながっているかもしれない。

こうしたなかなか捉えにくい連関があるには違いないが、われわれは、啓蒙が退くことを知らない強い意図を持っているからといって、啓蒙がそのまま「テロリズム的理性」の落し子であるかのように誹謗する動きに流されてはならない。モデルネのプロジェクトを個々のテロリストの意識状態や公衆の目を奪う彼らの行動と区別しない者は、近視眼的であり、その近視の度合いにおいては、比較にならないほど日常茶飯事になっている遥かに大規模な官僚テロを、――つまり暗闇の中で、憲兵隊や秘密警察の地下室で、収容所や精神病棟で行われているテロを――それが国家の権力機構の手段を用いているという理由だけで、近代国家の(そしてその実証主義的に空洞化した合法的支配の)存在根拠と見る人々と変りない。

文化の間違った止揚とは別の行き方

わたくしの思うところでは、われわれは、モデルネのプロジェクトにつきまとっている迷誤から、つまり、行き過ぎた止揚のプログラムの誤りから学ぶべきであって、モデルネとその企て自体を失敗だったと見てはならない。ひょっとすると芸術受容の例で、文化的モデルネのアポリアから脱出する方向がどの辺にあるかの示唆ぐらいはできるかもしれない。ロマン派によって芸術批評が発展させられて以来、批評のうちには二つの相反する動きが常にあったが、この両者は、アヴァンギャルドの思潮が出現して以来さらになお両極化している。つまり一方で芸術批評は、芸術作品に対する生産的補助の役割をするものとみずから思っているが、他方では、解釈を必要とする一般の鑑賞者大衆の側に立って弁じる役割をも引き受けている。ようするに、市民社会の芸術はその受け手に対して次の二つのことを期待しているのである。つまり、一方で、素人は芸術を鑑賞しようと思えば、みずから専門家的な教養を身につけねばならない。他方では、素人でありながら芸術好きの役を選んで、自己の美的経験を自身の実人生上の問題に結びつけることもできる。この二番目の受容形式は一見なんの足しにもならないように見えるが、実はラディカルなものであって、そのラディカルなあり方が失われてしまったのは、恐らくそれが第一の受容形式と曖昧な形で結びついていたからであろう。

もちろんのこと、もしも芸術創造が、強固に自律した芸術上の諸問題を専門的に扱うものでなくなり、そして広い大衆の要求を意に介しない専門家の事柄であることをやめたならば、その意味内容は貧相なものとなってしまうであろう。だからこそ芸術に携わる者ならば誰もが(専門的訓練を受けた受容者としての批評家も含めて)、作品に仕上げられる問題の選別にあたっては、芸術というひとつの抽象的な妥当領域の観点にのみ立ってなされていることに同意しているのである。しかしこうした峻別、つまり芸術というひとつの次元への徹底した集中も崩れ去る時がある。それは、この美的経験が個人の生活史へと引き入れられるか、あるいは集団的生活形式のうちに統合される時である。素人、つまり日常生活の専門家によるこうした受容は、芸術内部の発展に注意を払う職業的批評家における受容とは異なった方向を取る。このように専門家の趣味判断へと翻訳されない場合の美的経験は、そのありようが異なってくることを、わたくしはアルブレヒト・ヴェルマーによって教えられた。つまり、もしも美的経験が、受容者の生活史上の状況を闡明する探照灯的な役割をもつものとして、実人生の問題に結びつけられる場合には、美的経験の演じる言語ゲームは、もはや美術批評のそれとは異なったものとなるということである。このようなものとしての美的経験は、もろもろの欲求に関する解釈を——われわれが世界を知覚する光である欲求解釈を——革新してくれるだけではない。それと同時に、われわれの認識次元での意味理解や規範に関する期待のうちにまで浸透し、認識、規範、欲求というこれら三つの要因が相互に参照しあっているその関わり方をも変えていくのである。

そのひとつの例がある。それはペーター・ヴァイスが描いているが、そこには、ある人の人生がひとつの結節点に向っている時点での偉大な絵画との出会いが、どれほどの探照灯的な、人生の指針を与える力を持ちうるかが示されている。つまり、打ちひしがれてスペイン市民戦争から戻って来た主人公が、パリをさ迷い歩きながら、じきにルーヴルでジェリコの「難破した人々」(＊4)の絵の前で実際に起きるこうした出会いを、想像の中で先取りしているシーンがある。あるいは、同じ著者が彼の小説『抵抗の美学』の第一巻で描いている英雄的な芸術吸収のプロセスは、先のシーンの変形であるが、そこにはわたくしの念頭にある受容の仕方がもっと正確に出ている。つまり、一九三七年のベルリンで、政治意識の旺盛な、好学心に溢れた若い労働者たちのグループが、ヨーロッパ絵画の歴史、さらにはその社会史にわけ入るための手段を夜間高校で学習しているシーンである。彼らは、作品という客観精神である頑丈な石塊を叩き、飛び散る石片を吸収し、既成の教養伝統からも、現在の政権〔ナチ〕からも同じに遠い自分たちの環境での経験の地平に取り込もうとする。そしてこのようにためつすがめつして見ているうちに、飛び散った破片が光を放ち始めるのだ。「もろもろの作品の巨大な集積場でしかなく、着想やひらめきの溜り場としか思えない〔美術館に集められた〕こうしたものは、文化に関するわれわれの考え方とめったに一致するものではなかった。無産者として、こうした集積物に近づく時のわれわれは、最初はおどおどしていたし、敬虔の念でいっぱいだった。しかし、やがてはっきりして来たことがある。それは、こうしたものいっさいをわれわれは自分たちの価値評価で満たすべきなのだということであり、こうした概念総体が有効なものになりうるのは、それがわわれわれの生活条件に関して、またわれわれの思考過程における困難やその独自な点についてなにかを語ってくれる時だけであるということだ[13]」。

こうした例のうちには、生活世界の視角から専門家の文化が吸収獲得されるさまが示されているが、ここには、シュルレアリスムの勝ち目のない叛乱が志向していたものの幾分かが救い出されている。いやそれよりも、ブレヒト、さらにはアウラを失った芸術作品の受容に関するベンヤミンの実験的思考さえも、そのいくらかが救い出されている。学問や道徳の領域に関しても、これと類似の考え方をあてはめてみることができるはずだ。精神科学も社会科学も行動科学も、行為の準拠を求める〔行為志向的な〕知の構造からいぜんとして完全には切り離されていないことを考えてみれば、それは明らかである。また、普遍主義的倫理が正義の問題へと尖鋭化される一方で、その尖鋭化は抽象化を代償としていること、それゆえに善なる生活とはなにかという、抽象化の過程で取りあえずは消えてしまった問題とのつながりが求められていることを考えてみても明らかであろう。

モデルネの文化と日常の生活実践とを――つまり、生き生きした伝統を必要とするが、単なる伝統主義によっては貧困化せざるを得ない日常の生活実践とを――各側面において精密に再接続することがうまく行くためには、社会の近代化をもこれまでとは異なった、非資本主義的な方向へ導くことが必要であり、また、生活世界がそれ自身の中から経済的および行政的行為システムの自己運動を制限しうる諸制度を生み出し得ねばならない。

三つの保守主義

ところが、こうしたことが可能になる見込みは、わたくしの間違いでなければ、あまり良好とはいえないようである。つまり、西側世界の全体には、多かれ少なかれ、モダニズムに対する批判的な動きを助長する雰囲気が広がっている。その際、芸術や哲学の誤った止揚のプログラムによる失敗が残した興ざめ感や、文化的モデルネ自体のアポリアが明確になって来たことが、保守的な立場に恰好の口実を与えている。そこで、反近代主義《アンチモダニズム》である青年保守派、前近代主義《プレモダニズム》である老年保守派、後=近代主義《ポストモダニズム》である新保守派の三つの区別を簡単に説明しておきたい。

青年保守派は美的モデルネの根本経験を吸収している。つまり、脱中心化された(dezentriert)主観性、認識や有用な活動の制限から解き放たれ、労働と有効性の命法から自由になった主観性を曝す経験はしている。しかし、この経験とともに彼らは、近代世界からも飛び出してしまうのである。モダニズム風の態度を見せつつ、融和不可能な反近代主義を生み出している。想像力、自己経験、情念のもつ自然に湧き出る力を、遥か遠くのアルカイックなものと結びつけてしまい、道具的理性に対抗して持ち出すものといえば、心情的な喚起によってしか接近不可能な原理――力への意志であれ、至高性であれ、存在であれ、また詩的なもののディオニュソス的な力であれ――でしかなく、持ち出し方もマニ教風ですらある。この系統はフランスでは、ジョルジュ・バタイユからフーコーを経てデリダにまでつながっているが、当然のことながら、それらいっさいの上に漂っているのは、七〇年代に再生されたニーチェの精神なのである。

老年保守派は、文化的モデルネにほんの少しでも汚染されるのを拒んでいる。実体的理性の解体、科学〔学問〕、道徳、芸術への細分化、近代的な世界理解、およびそこにある、もはや手続き的形式性でしかない合理性――こうしたものを彼らは不信の念をもって見ており、モデルネ以前のさまざまな立場への回帰を推奨する(マクス・ヴェーバーはこの態度に質料合理性への逆戻りを認めているが)。この点である程度の成功を収めているのが、特に、ネオ・アリストテリズムである。つまり、彼らは今日、エコロジー問題に刺激されて、新たな宇宙論的倫理をめざしているからである。この方向はレオ・シュトラウスに発するが、他にも例えば、ハンス・ヨーナスやローベルト・シュペーマンの面白い仕事がある。

新保守派は、前二派に較べるならモデルネによって獲得されたものに対して最も肯定的な態度を取っている。彼らは、近代科学の発展に対しても、それが技術的進歩、資本主義的成長、そして合理的管理を推進するかたちで科学固有の領域の外に作用するかぎりは、歓迎の意を表している。ついでに言えば、彼らは、文化的モデルネの起爆的内実の牙を抜く政策を推賞するのだ。彼らのテーゼのひとつは、学問〔科学〕は、もしそれを正しく理解するならば、生活世界の指針にとってはどのみち意味を失っているというものであり、さらに別のテーゼによれば、政治は、道徳的・実践的な正当化を求める要求とはできるかぎり切り離すべきだとされている。そして三つ目のテーゼは、芸術の純然たる内在性を主張し、芸術にユートピア的内実を認めようとしない。芸術は仮象であると主張し、それゆえに美的経験を私的なもののうちに閉じ込めようとするのである。こうした方向を告げる者として、初期のヴィトゲンシュタイン、中期のカール・シュミット、そして後期のゴットフリート・ベンが挙げられる。このように学問、道徳、芸術のそれぞれを、生活世界から切り離して、専門家の管理する自律的な領域に最終的に閉じ込めてしまうならば、文化的モデルネのうちでわれわれに残るものといえば、モデルネというプロジェクトをいっさい放棄したときに残るようなものだけとなろう。そして空いた場所を埋めるものとして予定されているのは伝統ということになるが、このようなものとしての伝統は正当性を根拠づける必要のない自明のこととされる。とはいえ、このような伝統が各州の文部省による掩護がなければとても現代世界を生きのびていけないことは、もちろん明らかである。

　以上の分類は、いかなる分類もそうであるように、単純化している。とはいえ、今日における知的・政治的論争を分析するのに、まったく無駄なものでもないかもしれない。わたくしが恐れていることだが、反近代主義の諸思想は、前近代主義も多少ない交ぜにしつつ、緑のグループや、アルタナティーヴ〔対案提唱者〕のグループ〔共に住民運動や反公害運動と結びつき、一部は簡素な生活の試みをしている人々〕の中で地盤を拡大しつつある。それに対して諸政党の意識変動においては、風向きの変化(Tendenzwende)(＊5)が成果を挙げているのが認められる。つまり、近代以後を唱えるポスト・モデルネの人々と前近代主義者〔プレモデルネの人々〕との癒着である。知識人を非難し、新保守主義的立場を取るという点では、どの政党も、他の政党に負けないものがある。それゆえにわたくしは、フランクフルト市がアドルノの名を冠した賞をわたくしに与えてくださったそのリベラルな精神に——ヴァルマン市長、あなたが御紹介の中で述べられたわたくしについての御説明のあとではとりわけ——感謝させていただきたいと思う。この都市出身のアドルノこそは、哲学者および著述家として、この連邦共和国においてほとんど余人の及ばないまでに、知識人のあり方を刻み上げ、そして知識人たちにとって鑑となった存在であったからである。

原注

（1）W. Pehnt, Die Postmoderne als Lunapark, Frankfurter Allgemeine Zeitung vom 18. 8. 1980, S. 17.

（2）Literarische Tradition und gegenwärtiges Bewußtsein der Moderne, in: H. R. Jauß, Literaturgeschichte als Provokation, Frankfurt a. M. 1970, S. 11 ff.

（3）Th. W. Adorno, Ästhetische Theorie (Schriften Bd. 7), Frankfurt, 1970, S. 45.

（4）O. Paz, Essays, Bd. 2, S. 159.

（5）Th. W. Adorno, Ästhetische Theorie, S. 41.

（6）W. Benjamin, Ges. Schr. Bd. I, 2, S. 701 f.（野村修訳）

（7）Essays, Bd. 2, S. 329.

（8）D. Bell, The Cultural Contradictions of Capitalism, N. Y. 1976.

（9）The Neoconservatives, 1979, S. 65.

（10）D. Bell, a. a. O. S. 17.

（11）Th. W. Adorno, a. a. O. S. 52.

（12）D. Wellershof, Die Auflösung des Kunstbegriffs, Frankfurt 1976.

（13）P. Weiss, Ästhetik des Widerstandes, Frankfurt, 1975. Bd. 1, S. 54.

訳注

（＊1）　P. Bürger, Der französische Surrealismus. Studien zum Problem der avangardistischen Literatur (1971), Theorie der Avangarde (1974)等が念頭にあると思われる。

（＊2）　Eigensinn は元来、我儘、強情、頑固といった意である。自律性、固有の志向等の意に受けとることも可能であり、英訳はそうなっている。ここにはクルーゲやネクトの芸術論、グリムの「頑固な子供」の童話等も背景にあると思われる。両意を含めて「強固な自律志向」と訳してみた。

（＊3）　dezentriert は元来、ピアジェの発達心理学上の概念で「脱中心化」と訳される。いわゆる「客観的」生活空間の獲得過程等を指すが、ここではそれをさらに拡大し、生活実践上そのつど起きる外界への中心化をいっさい脱却したものという意である。

（＊4）　P. Weiss, Ästhetik des Widerstandes, Frankfurt, 1975. Bd. 1, S. 344 f.

（＊5）　西独における一九七三、七四年以降の思想的、社会的潮流の変化を表わす言葉。六七、六八年の学生叛乱、六九年のＳＰＤ・ＦＤＰ政権の成立、さまざまな社会改革プログラム、東方条約等の一連の動きが、一定の成果を挙げながらも、暗礁に乗り上げた時点で、保守派からの揺戻しが起きた。その変化を指している。

II

一種の損害補償

——ドイツにおける現代史記述の弁護論的傾向——

解題　一九八六年七月一一日の『ツァイト』紙に載ったこの論文が、いわゆる歴史家論争に火をつけたことになった。ヒルグルーバー、シュテュルマー、ノルテというハーバーマスが批判する相手はそれぞれ異なった議論を展開していたが、共通しているのは、アウシュヴィッツに代表されるユダヤ人皆殺し政策とそれに対するドイツ人の責任の相対化である。それぞれ異なる相対化戦略にハーバーマスはひとつひとつ分析・批判を加えたわけである。もちろん、反論が巻き起こり、同時にハーバーマスの支持者も論戦に加わり、さらにはハーバーマスとは違う見解ながら、歴史修正主義に対する批判という点では共通する学者たちも参加した。国際的にも注目され、特に西欧、アメリカの論壇での反響は、圧倒的にハーバーマス側への支持が多かった。ドイツ統一でいったんは問題のアクチュアリティが消えたように思える時期もあったが、この論争で争われた問題は、形を変えつつも現在までも深く尾を引いている。要するに二〇世紀の虐殺に対して、当事者とそれに連なる世代が、どのような解釈をしていったらいいのか、という問題であり、これは、この虐殺の一端をになった日本に国籍を持つ者たちにとっても、まったく同じ形ではないものの、依然として大きな問題であることには変わりない。日本の公共の議論でも、誤解や手前勝手な解釈も含めて(例えば加藤典洋による乱用)、注目された。なお、歴史家論争の資料は膨大であるが、ピーパー社から出ているアンソロジーのさらなるアンソロジーが翻訳されている(J・ハーバーマス、E・ノルテ他『過ぎ去ろうとしない過去――ナチズムとドイツ歴史家論争』人文書院)ので参照されたい。

　ナチズムを論じた文献に見られる著しい欠陥は、ナチスが後に犯すことになるすべてのことが実は、ガス室での抹殺という技術的なプロセスだけは別にして、二〇年代初頭に書かれた非常に多くの本にすでにいかに沢山出てきているかということを、知らないか、あるいは認めようとしない点にある。……ナチスが、そしてヒトフーが「アジア的」蛮行に及んだのは、もしかするとひとえに、自分たちや自分たちの同胞を、「アジア的」蛮行の潜在的もしくは現実的な犠牲者と見なしていたからではないだろうか。

　エルンスト・ノルテ『フランクフルター・アルゲマイネ』紙、一九八六年六月六日

1

　エアランゲン大学の歴史家ミヒャエル・シュテュルマーは、歴史意識をその機能的役割に着目して理解するのがお好みである。「歴史なき国において未来を自分のものとするの

は、記憶を満たし、概念を定め、そして過去を読み解く者たちである」。七〇年代に弟子たちがまた新たにその意義を説きだしたヨアヒム・リッター(＊1)の新保守主義的世界像に依拠して、シュテュルマーは、近代化の過程を一種の損害補償(eine Art Schadensabwicklung)として考える。一人一人の個人は、物象化された産業社会という環境で単に「社会の一分子」(Sozialmolekül)として疎外感にさらされるが、そのような疎外の代償を提供するものとして、〔歴史に依拠した〕意味によってアイデンティティを作ることが必要である、というわけである。当然のことながらシュテュルマーは、個人のアイデンティティよりも、共同体の統合の方に関心を抱いている。彼に言わせれば、価値と利害の多元主義は、「それが共通の基盤に立っていない場合には……遅かれ早かれいずれは社会的な内乱へと」行きつかざるをえない。必要なことは、「より高度な意味の創造であるが、宗教が没落してからこのかた、それをなし得たのは、国民〔Nation＝国家〕と愛国主義のみである」。さらに続けて彼は、政治的責任を自覚している歴史学なら、国民的コンセンサスの形成に役立つ歴史像を打ち立て、それを普及させる使命を拒んだりはしないであろう、と論じる。専門的な歴史記述は、もともと「現世における意味の創造を求める、集合的な、たいていは無意識的な欲求に駆り立てられてなされているのだが、しかしそれはまた」――と、シュテュルマーは、ここにはっきりとしたディレンマがあることを認めている――「学問的な方法によって成し遂げられねばならない」。したがって、専門的な歴史記述は、「意味の創造と〔学問的営為による〕脱神話化のあいだの綱渡り」をせねばならない、というのである。

そこで綱渡りの様子をまずは、ケルン大学の現代史家アンドレアス・ヒルグルーバーで見てみよう。歴史学の専門家としての能力をもたない私が、あえてこの名高き現代史家の最新の著作をとりあげるのは、ジードラー社で出ている『ふたつの没落』(Zweierlei Untergang)と題された、愛書家の好きそうな、きれいな装丁の書物に収められた論考が、明らかに素人向けのものだからである。そこで私は、自らの歴史意識に修正主義的な手術を受けている患者の自己観察として以下のことを書いてみたい。

ヒルグルーバーは、この本の第一部で、一九四四年から四五年にかけての戦争の最後の一年におけるドイツ東部戦線の壊滅を記述している。まず始めに彼は、「同一化の問題」を検討する。すなわち、歴史を記述するにあたって、当時の動きにかかわったさまざまなグループの中で、どのグループの立場から著者本人は現在ものを見るべきなのか、つまりどのグループに同一化すべきなのかという問題である。彼は、一九四四年七月二〇日のヒトラー暗殺未遂事件に関与した人々の状況解釈を、東部戦線の現場の指揮官や郡長や市長の責任倫理的な態度にくらべて、単に「心情倫理的」なものとして切り捨てる。したがって、残る立場は三つである。ヒルグルーバーは、第一のヒトラーの徹底抗戦的立場は社会ダーウィニズムだとして拒否する。第二の戦勝国との同一化もまた、問題にならない。ドイツの敗北を解放と見なす戦勝国の立場は、強制収容所の犠牲者たちにのみ通用するのであり、ドイツ国民全体にはあてはまらないとされる。すると歴史家には、ただ一つ、第三の選択が残されることになる。「歴史家は、ドイツ東部の民衆の実際の運命、そして絶望的な状況の中で多大な犠牲を伴いながら頑張った東部方面のドイツ陸軍、ならびにバルト海域のドイツ海軍の立場に立ち、彼らと同一化しなければならない。彼らドイツ軍は、赤軍の狂乱的な復讐行為、大規模な強姦、恣意的な殺戮、そして無差別に抑留されそうな事態からドイツ東部の民衆を守り、そして……彼らに西への脱出路を確保しようと努めたのである」。

しかし、当惑して次のような疑問を抱く向きもあろう。なにゆえに歴史家としてヒルグルーバーは、一九八六年の時点から、つまり、四〇年後の時点から振り返ろうとしないのか、すなわち、〔当事者の視点にのみ立とうとするだけで〕どのみちそこから離れることはできない自分自身の一九八六年のパースペクティヴに立とうとしないのだろうか、と。さらに言えば、現在から振り返るパースペクティヴには、直接その場、その時に居合わせた当事者たちのそれぞれ断片的な見解を相互に関係づけ、比較考量し、あとから生まれた者の知識でもって補足できるという解釈学的な利点がある。しかしながら、ヒルグルーバーは、

「正常な」とほとんど言いたいほどのこうした後世の視角から歴史を描こうとはしない。なぜなら、もしそうした場合には、「皆殺し戦争のモラル」を問題にせざるを得ないからである。だが彼からすれば、この問題こそ論じないですむようにしたいのだ。この関連でヒルグルーバーはなるほど、ノルベルト・ブリューム〔CDUの進歩的政治家〕の発言、つまり「東部戦線」が持ちこたえているかぎり、強制収容所における皆殺し活動も続けることができたのだ、という言葉を引いてはいる。本当はこの言葉をよく考えるならば、たとえばネマースドルフ(*2)を奪い返したドイツ軍兵士が目撃した「強姦され、殺害された女性たちや子供たちのおぞましい光景」にも、そうなった長い理由の連鎖に考え及ばねばならないはずである。だが、ヒルグルーバーは、勇敢な兵士や絶望した一般市民、あるいはまた「立派に働いた」ナチ党の高官の視点から出来事を描こうとする。彼は、当時戦っていた人々のさまざまな経験、つまり、現代から振り返る我々が持っている知識によって枠づけされたり、それによって価値を落とされてはいない〔とされる〕当時の経験に感情移入しようとする。このような意図を考慮に入れるなら、彼が本書〔『ふたつの没落』〕を「東部戦線の壊滅」と「ユダヤ人根絶」という二章立てにした根本方針にも説明がつく。ヒルグルーバーは、この二つの出来事を、「それらの陰鬱な絡み合いにおいて」示そうとはしない――こう記されているカバーの内容紹介には嘘がある。

2

以上のような方法的操作をしながらも、ヒルグルーバーは――たしかにシュテュルマーが述べたように、意味を創造する歴史学はディレンマを抱えている以上、このような操作も大目に見てやるべきなのかもしれないが――次の段階ではやはり、後から生まれた歴史家の知識をなんのためらいもなく使っているのだ。それは、序文で述べられた次のような主張を証明するためである。すなわち、ドイツ東部からのドイツ人たちの追放は、決して強制収容所の犯罪に対する「回答」として理解されるべきではない、という主張である。連合国側の戦争目標なるものを引きながら、彼が証明しようとするのは、「ドイツが敗北した場合には、プロイセン＝ドイツの東部諸郡のほとんどの部分がドイツに残れる見通しなど、戦争のどの時点でも存在しなかった」ということなのである。その際、彼は、この問題に対する西側列強の無関心な態度を、彼らが「プロイセンについてありきたりのイメージ」しか持っていなかったという説明ですまそうとする。ドイツ帝国の権力構造は、特にプロイセンにおいて維持されていた社会構造と関係があるかもしれない、といったことには、ヒルグルーバーは思い至らない。彼は、社会科学的な知識を利用しようとしない。

もし彼がそうしていたのならば、例えば、赤軍の侵入に伴う暴虐は、ドイツにおいてのみならず、それよりも前にすでにポーランドやルーマニアやハンガリーにおいてもなされていたという事情を、スターリニズム時代の野蛮な「戦争観」に還元して説明するようなことはできなかったであろう。どちらにせよ、西側列強は、プロイセン解体という間違った幻想にもとづく戦争目的に目がくらんでしまっていたために、ロシアの西側進出によって、「全ヨーロッパが一九四五年の破局の敗者」になったことに気がついた時は、すでに手遅れだった、と彼は見るのである。

このように舞台を設定することによって、今やヒルグルーバーは、ドイツ東部方面軍の「苦闘」――それは、「連合国側がその解体をもくろんでいたドイツ帝国の、列強の一員としての独自性を維持するための絶望的な防衛戦争」だったというのだが――を正しく描き出すことができるというわけだ。「ドイツ東部方面軍は、何百年もの歴史をもつドイツ人の入植地、このドイツ帝国の枢要な地域に……住んでいた何百万もの人々の故郷の守り手とならんとした」。そしてドラマティックな描写は、一九四五年五月八日に関する希望的解釈で終わる。すなわち、それから四〇年を経て、「破壊されたヨーロッパ中央部の再建」の問題は、「ドイツ東部に起きた破局の証人として自ら行動し、あるいは犠牲となったあの人たちの時代と同じに、未解決のまま」なのである、と。彼にとって歴史の教訓は明白である。すなわち、少なくとも今日では、ドイツと西欧の西側同盟は正しいことになる。

ヒルグルーバーは、第二部では、それまでの東部戦線での「悲劇的」で英雄的な出来事から切り離し無視してきた出来事を、二二頁にわたって論じている。すでに本の副題が、視座の違いを指し示している。第一部では安物の戦争小説のレトリックに用いられるような「ドイツ帝国の撃破」(Zerschlagung des Deutsche Reiches)(どうやらそれは、「東部戦線」においてのみ起こったことらしい)という表現が用いられていたのに対して、第二部では、冷徹に記録された「ヨーロッパ・ユダヤ人社会の終焉」(Ende des europäischen Judentums)が扱われている。「撃破」は、攻撃的な敵を必要とするが、「終焉」は、いわばひとりでに生じるというわけだ。第一部では、「いくつもの方面軍の壊滅が、個々人の犠牲的精神」とともに描かれていたのに対して、第二部では、「駐留型」の特別行動部隊(強制収容所の銃殺隊やSSのこと)が話題にされる。一方では、「多くの名もない人々が、突然わが身に降りかかる破局のなかで、自らを乗り越えて成長していく」のに対して、他方では、ガス室が、抹殺のための「より効率的な手段」としてクローズアップされている。一方では、少年用戦記物のような勇ましい言葉遣いを、修正したり洗練したりすることなく決まり文句のように用いているのに対して、他方では、官僚的に凍りついた言葉遣いがなされている。この歴史家は、単に記述の際の視座を変えるだけではない。今や彼にとっては、「ユダヤ人に対する殺戮は、もっぱら極端な人種理論がもたらした帰結」であると証明することが目的なのである。

シュテュルマーは、「どの程度までがヒトラーによる戦争であり、どの程度までがドイツ人による戦争なのか」という問いに関心をもっているが、ヒルグルーバーは、ユダヤ人の根絶に関して、似たような問いを立てて、そのために「もしかりに、ナチスではなく、ドイツ国家人民党や鉄兜団が一九三三年に政権を掌握したとするなら、ユダヤ人の生活はどのようになっていたであろうか」という仮説的な問いを立てている。おそらくニュルンベルク人種法は制定されていたであろうし、一九三八年までにユダヤ人に「よそ者意識を押しつけた」他のあらゆる措置もなされたであろう、と彼は言う。なぜなら、これらの法や措置は、「社会の相当な部分の感情と調和」していたからである、と彼は論じる。しかしながら、ヒルグルーバーは、一九三八年から一九四一年のあいだに、すでにすべての政策担当者が、強力な移住政策こそユダヤ人問題の最良の解決策と見るようになっていた、という考えには疑いをさしはさむ。彼が言うには、どのみちその時期にはすでに、ドイツのユダヤ人の三分の二は「国外へと脱出」していたのだ。結局、一九四一年以降の最終解決に関して言うなら、最初からそれを念頭に置いていたのはヒトラーだけということになる。ヒトラーは、ユダヤ人全員の肉体的根絶を望んでいた、と。「なぜなら、そのような

「人種革命」によってのみ、彼の帝国が目ざす〈大国の位置〉なるものに永続性を与えることができた(konnte)からである」。最後の単語(konnte)に仮定法を意味するウムラウトが欠けているため(＊3)、この歴史家が、この場合もまた、当事者の視座に立っているのか〔あるいは自分の見方を述べているのか〕どうかがはっきりしないのだが。

いずれにせよ、ヒルグルーバーは、すでに一〇万人の精神病患者が犠牲になっていた安楽死政策と、ユダヤ人根絶政策そのものとのあいだに明確な境界線を引いている。社会ダーウィニズム的な遺伝学が広がっていた背景を考えると、「生きるに値しない生命」の抹殺は、国民のあいだで広く支持を得ていた、と彼は考える。それに対して、「最終解決」の理念を唱えるヒトラーは、「ゲーリング、ヒムラー、ハイドリヒを含めた」最高指導者一味のなかですら孤立していた、とされる。このようにして、ヒトラーを、ユダヤ人根絶政策の理念と決定に唯一責任のある張本人として確認すると、残る仕事は、ただその政策がどうやって実行されたかということの説明だけとなる。いや、さらに必要なのは、国民一般が黙視していたというショッキングな事実――ヒルグルーバーも十分に認めている事実――の説明である。

もっとも、最後にこのようなショッキングな事実に道徳的判断を下さなければならないということになれば、折角苦労してやってきた歴史意識修正作業の目標は危険にさらされることになるであろう。だが、社会科学的な説明の試みはまったく評価せずに、ひたすら物語るこの歴史家としては、道徳的判断の必要な場所に来ると、一般的な人間論へと逃げこもうとする。彼の意見にしたがえば、「大多数の人々が、少なくともうすうすとは感じていたのに、この恐るべき出来事を容認していたということは……歴史的に一回的なこの出来事を越えてある一般的なことを考えさせてしまう」ことになる。ついでに言うと、ドイツ的高級官僚《マンダリン》の伝統にしっかりと根ざしているヒルグルーバーは、ユダヤ人殺戮に関与した連中の中に大学教育を受けた者が高い比率を占めていることに、深いショックを受けたと書いている――あたかもそれについてもきわめて納得のいく説明が存在しないかのようである。ようするに、文明化された国民がこの恐るべき出来事を起きるがままにしていたという現象は、歴史家では説明しきれないことにされ、専門外のこととして、この現象を、ほとんどなにを言ったことにもならない表現で、一般的な人間論の次元へとヒルグルーバーは移行させてしまうのだ。

3

ヒルグルーバーの同業者である、ボン大学のクラウス・ヒルデブラントは、『史学雑誌』

(第二四二号、一九八六年、四六五頁以下)で、エルンスト・ノルテの著作を「新しい方向を示す」ものとして推賞している。彼が言うには、ノルテの著作は、「第三帝国」の歴史には「一見独自であるかのように思われているもの」があるようだが、そんなものはないとし、「その世界観と政体の破壊力」を、およそ全体主義一般の展開のなかに歴史的に整理して組み入れたという点に功績があるというのである。すでに『その時代におけるファシズム』(一九六三)という著書によって、広く評価されているこのノルテは、実際、ヒルグルーバーとはできが違う。

「神話と修正主義のはざまで」という論文で、ノルテは歴史の修正が必要であるとし、その理由として、「第三帝国」の歴史は大幅に戦勝国の手によって書かれてきたために、ひとつの「否定的神話」にされていると論じている。そのことを説明するために、ノルテは、なかなかお上品な思考実験へと我々を誘う。すなわち、もしもPLOが勝ってイスラエルが完全に滅亡したとした場合に、その後にどんなイスラエル像が生まれるか、考えてみようというのである。「その場合にはその後何十年にもわたって、ひょっとすると何百年にもわたって、誰ひとりとしてシオニズムの感動的な起源をヨーロッパの反ユダヤ主義への抵抗の精神に……求めようとはしないだろう」。ノルテによれば、五〇年代の全体主義論ですら、〔否定的神話とは〕別の視座を提供したわけではなく、〔第三帝国と同じ〕否定的なイメージのなかにソ連も巻き込んだだけだった。そのようにして全体主義を民主的な立憲国家と対立させることに依存しているような考え方は、ノルテにとっては、まだ満足のいくものではない。彼が重視するのは、相手を抹殺するという脅かしが〔ナチス及びユダヤ人の〕どちらの陣営からも繰り返されたことである。つまり、アウシュヴィッツのはるか以前に、ヒトラーが、敵もまた彼を滅ぼそうとしている――英語の原文では、「絶滅させる」(annihilate)となっている(*4)――という確信をもつに至ったことには、十分な理由があるとノルテは考える。その証拠として、ノルテは、一九三九年九月にハイム・ワイズマンがユダヤ人世界会議を代表して発した「宣戦布告」なるものをもち出す。これによって、ヒトラーには、ドイツのユダヤ人たちを戦争捕虜として扱い、強制移住させる権利が与えられたというわけである。ノルテが、この大胆な議論を、一人のユダヤ人の客、すなわちテルアビブからやって来た彼と同じ歴史家のザウル・フリートレンダーに、晩餐の添え物として語って聞かせたという記事(もちろん、匿名記事ではあるが)が、すでに数週間前に『ツァイト』紙に出ていた。今、私は、この論文にそれがはっきりと書かれているのを知った。

ノルテは、ヒルグルーバーのような「同一化問題」に拘泥してノーテンキで保守的なストーリーテリングをする歴史家ではない。シュテュルマーが意味の創造と学問性のあいだに見たディレンマを、ノルテは強引な決断によって解消し、自らの叙述の基点として、カンボジアのポル・ポト政権によるテロルを選ぶ。この基点から歴史を遡り、彼は、「収容所群島」やスターリンによる富農《クラーク》の追放、およびボルシェヴィキ革命を経て、バブーフ、そして初期社会主義者、一九世紀初頭のイギリスの農地改革主義者たちにまで立ち戻るひとつの前史なるものを歴史的に作り上げる。それらはすべて、文化的、社会的近代化に対する一連の反乱であり、見通しのきく、自給自足的な世界の再建という幻想的な望みによって駆り立てられていた、というのだ。このような恐るべきテロルの歴史的文脈のなかに位置づけた場合には、ユダヤ人皆殺しは、ヒトラーがそう感じざるを得なかった、彼自身を抹殺するという脅かしに対する、それなりに理解できる反応であり、そのきわめて遺憾な結果であるということになる。「第三帝国時代のいわゆるユダヤ人根絶は、ひとつの反作用ないしは歪んだコピーであって、初めて生じた事件ないしはオリジナルではない」。

ノルテは、他の論文のなかで、彼の「近代イデオロギー史三部作」の哲学的背景について説明しようと努めている。ここでこの著作を議論の対象にするつもりはない。ハイデガーの弟子であるノルテが「哲学的歴史記述」と名づけているもののうちで、私の関心を引くものは「哲学的」という部分のみである。

五〇年代の初めに、哲学的人間学において、人間存在の「世界への開け」(Weltoffenheit)と「環境世界へのとらわれ」(Umweltverhaftung)の交錯というテーマをめぐる論争があった。

A・ゲーレン、H・プレスナー、K・ローレンツ、そしてE・ロータッカーのあいだで戦わされたものである。

　私がそのことを思い出すのは、ノルテが「超越」(Transzendenz)というハイデガーの概念を独特の意味で用いているからである。すなわち一九六三年以降の彼は、この言葉を用いて、近代への移行に伴って生じた伝統的生活世界の解体という歴史的出来事、この巨大な転換を、人間学的で根源的な次元から見るというずらしをやってのけているのである。そして彼は、「夜はすべての猫が灰色に見える」というドイツ語の定型句どおり、差がなくなってなにもかも同じに見えてしまうような幽暗な次元に立って、「実践的超越の無条件の肯定」に反発する反近代主義的な衝動に読者の理解を得ようと努めるのである。この「実践的超越」という言葉でノルテが理解しているのは、彼が言うところの存在論的な根拠に由来する「世界経済、技術、科学、そして解放の一体性」である。こうしたノルテの議論は、今日支配的な気分、そしてそのような気分から生まれ出るカリフォルニア的世界像の輪舞〔レーガン大統領とそのイデオローグのこと〕に見事に適合している。このようなにもかも一緒くたにしてしまうような考え方はいらだたしいが、それ以上にひどいのは、このような見方からすれば「マルクスとモーラス、エンゲルスとヒトラーは、彼らの対立をいかに際立たせようとも、似通った姿を」呈してしまうという議論である。「人々を不安におとしいれている近代の現実に対する」回答として、マルクス主義とファシズムが同じような試みに見えてきてはじめて、ナチズムの真の意図もまた、そのきわめて不幸な実践形態からきれいに区別できる、というわけである。「「非道」は、このようなナチズムの究極の意図に含まれているものではなく、むしろ自由主義社会の解放過程によって自らも深刻な打撃を受け、その主要な代表者たちが自分たちは致命的な危機に瀕していると明言したような、そうした人間集団に罪を帰したことにあるのである」。

もし新保守主義的な現代史家たちが、他ならないこのような類の修正論をいそいそと使いだしていなければ、重々しくも奇矯な精神の持ち主によるこの奇妙な背景哲学をそっとしておいてもかまわないのであろうが、今やそうは言っておれないのである。

今年〔一九八六年〕のレーマーベルク討論集会(＊5)――ハンス・モムゼンとヴォルフガング・モムゼンが講演して、「過ぎ去ろうとしない過去」というテーマについても論じられた――での予定原稿として、一九八六年六月六日付の『フランクフルター・アルゲマイネ』紙の文芸欄は、エルンスト・ノルテの戦闘的な論文を掲載した。ちなみに、この論文には、偽善的な口実が付されている(私は、招待を取り消されたと言い張っているノルテと会の主催者たちとのあいだにかわされた手紙の存在を知っているから、このように言うのである)。シュテュルマーもまた、この論文が掲載された折にはそれに対して連帯を表明した。

ノルテは、この論文で、ユダヤ人根絶の唯一無比な独自性を「ガス室を使っての殺戮という技術的なプロセス」に還元し、収容所群島はアウシュヴィッツよりも「根源的である」という彼のテーゼを、どちらかといえば奇妙きてれつな例をロシアの内戦からとってきて証明しようとしている。この著者は、ランズマンの映画『ショアー』を見ても「死の収容所のナチスのSS〔親衛隊〕のメンバーもまた彼らなりに犠牲者であると思っていたし、他方ではナチズムの犠牲者であったポーランド人のあいだに危険な伝染性をもった反ユダヤ主義が蔓延していた」と言うことしかできない。以上のような、ぞっとしない例が示していることは、ノルテは、例えばファスビンダーのような人物を、はるかに凌駕しているということである。(＊6)『フランクフルター・アルゲマイネ』紙は、フランクフルトで計画されていたファスビンダーの作品の上演に正当にも反対したのだが、それでは今回なぜノルテの論文を掲載したのであろうか。

そのことに関しては、次のように考えさえすれば説明がつくのではなかろうか。すなわち、ノルテは、意味の創造と学問とのあいだの、かのディレンマを巧みに回避することにかけては他の誰よりも優れているだけでなく、もうひとつのディレンマに対してもまた、その解決を提示しているからである。シュテュルマーは、このもうひとつのディレンマを次のように言い表わす。「分断されたドイツという現実のなかで、ドイツ人は自分たちのアイデンティティを形成しなければならないのだが、このアイデンティティは、もはや国民国家のなかにその根拠をもつことができず、しかしまた国民ぬきでもそれをもつことができない」。イデオロギーの立案者たちは、国民意識の再生に関してコンセンサスを作り出したいし、同時に、国民国家を単位とする仮想敵をNATOの地域内部からは払拭しなければならない。このような操作を行うことに関して、ノルテの理論は大きな利点をもっている。彼は、一挙両得をめざすのである。ナチスの犯罪は(今日なおも引き続く)ボルシェヴィキによる絶滅の脅威に対する応答だったとすることによって、少なくとも理解可能なものとなり、その唯一無比性を失う。アウシュヴィッツの特異性は、技術革新という次元に切り詰められ、そして今なお我々の戸口に立っている敵〔旧ソ連とワルシャワ条約機構〕が及ぼす「アジア的」脅威という視点から説明できるものとなるのだ。

4

連邦政府が計画中の歴史博物館――ベルリンのドイツ歴史博物館やボンの連邦共和国歴史館――の構想作成委員会のメンバーを見ると、そこでは新修正主義の思想も、展示品という形態に、つまり大衆教育に効果を発揮する陳列物という形態に翻訳することがもくろまれている、という印象を拭いきれない。確かに、提出された設立趣旨書は、多元主義的な相貌を呈している。しかし、新たな博物館に関しては、マクス・プランク研究所を新設する場合とほとんど事情は変わらない。マクス・プランク研究所の場合、通常は新研究所の設立に先立ってその目的や内容を記した報告書が作られるのだが、やがて招聘される所長が実際にすることは、それといくらも関係ないものになってしまう。そのことは、コルゲン・コッカ――ベルリンの専門家委員会のなかで、アリバイ的な役を果たさせられているリベラルな委員――にも予感されているようで、彼はこう述べている。「結局、決定的なことは、誰が役を引き受けるか、ということである。……ここでもまた、悪魔は細部に潜んでいる」。

連邦共和国の住民の歴史意識を強化しようとする真剣な努力に対して、誰も反対はしないし、過ぎ去ろうとしない過去を歴史として距離をとって見なければならない、ということにも、もっともな理由がある。マルティン・ブロシャートは、その理由を、説得力のあるやり方で述べている。ナチ時代の日常生活における犯罪性と不気味な正常性とのあいだの、また破壊性と活気ある生産力とのあいだの、体制全体から見た場合の戦慄すべき様相と、当時の当事者の目から見たつつましやかで両義的な光景とのあいだには複雑な関連があるが、こうした錯綜した連関は、過去を客観的に描くことで気持ちの負担を減らしたところで見えなくなることはない。こうした手続きを経れば、父や祖父の過去の時代に短絡的な道徳的断罪を加え、それを性急に教育に役立てようとするような態度は、距離を置いた理解に席を譲るであろう。ショッキングな過去に対して、それを理解することと、それを断罪することとのあいだに注意深い区別をつけることはまた、痲痺状態から我々を解放してくれることに役立つであろう。しかし、このような種類の歴史的な理解の仕方は、ヒルグルーバーやノルテが提起し、ヒルデブラントやシュテュルマーが推賞する歴史修正主義とは異なって、過去を首尾よく脱道徳化し、それによって過去の負債を振り払おうという意欲に導かれたものではないであろう。私は、誰も悪意があって発言しているとは思いたくない。思想の方向がそれによって分けられる、単純な基準があるだけである。つまり一方は、距離を置いて理解するという作業は、反省的な想起の力を解放し、そのことによって、両義的な意味をもつ伝統と自律的に関わる余地を拡大する、という前提から出発する。それに対して、他方は、伝統的なアイデンティティを国民の歴史を軸にして修復するという目的に、修正主義的な歴史記述を奉仕させようとするのである。

このような言い方では、まだ十分にはっきりしないかもしれないが、要するにこういうことである。国民意識のなかに素朴に根づいたアイデンティティの再興を目指す者、予測可能性や合意調達、意味の創造を通じての社会統合といった機能的命令に動かされている者は、歴史記述が有する啓蒙的効果を恐れ、広範囲に力をもつ歴史解釈の多元主義を拒否しているのに違いない。ミヒャエル・シュテュルマーの論説を、このような意味で理解したとしても、あながち彼を不当に扱うことにはならないであろう。彼は書いている。「隣国の人々が歴史に対するドイツ人の態度を見ていると、ドイツ人はいったいどこへ向かっているのだろうか、という問いが彼らの脳裏に浮かび上がってこざるを得ない。ドイツ連邦共和国は……北大西洋条約機構のヨーロッパにおける防御線の中心点をなしている。ところが、こんにちドイツに生きているいくつかの世代を見ると、彼らは、過去と未来についてそれぞれ異なったイメージを、いやそれどころか正反対のイメージを持っていることが明らかになる。……失われた歴史を求めることは、抽象的な教養のおつとめなどではない。それは道徳的に正当で、政治的に必要な課題である。というのも、肝心なのはこのドイツの共和国の内的連続性の維持であり、また外交政策上の予見可能性だからである」。シュテュルマーは、私的な領域へと追いやられた宗教的な信仰の力のかわりに、アイデンティティと社会的な統合を可能にする、統一された歴史像を求めているのである。

代用宗教としての歴史意識――これは歴史主義の古き夢であるが、歴史記述には、いささか荷が重すぎはしないだろうか？　確かに、ドイツの歴史家たちには、彼らのギルドが実際に国家を支えてきた伝統がある。ハンス＝ウルリッヒ・ヴェーラーは最近、ドイツの歴史学が、小ドイツ主義によって統合されたドイツ帝国の安定化と、国内における「帝国の敵」の排除に対してイデオロギー的に貢献してきたという事実に、再び注意を喚起した。一八四八、四九年の革命の挫折以降、そしてまた、ゲルヴィーヌス(*7)が行ったような自由主義的な歴史記述が敗北して以降に形成されてきた歴史家集団のメンタリティが、今世紀の五〇年代末まで支配していた。「それ以降というものほとんど一世紀にわたって、自由主義的で啓蒙された歴史家というのは、いたとしてもときたま孤立した存在としてか、それとも小さな周辺集団に見いだされるだけであった。ギルド的な歴史家集団の多数派は、帝国臣民として、国家意識をもち、権力政治を軸として考え、議論してきた」。一九四五年以後、あるいは、少なくとも一九四五年以後に教育を受けた若い歴史家の世代が育つとともに、異なった精神的風潮だけでなく、解釈や方法的アプローチの多元主義が一般化してきたが、そのことは、それまでの歴史家の伝統が軽い故障を起こしたけど、所詮は簡単に修理できるといった事態ではなかった。むしろ、古いメンタリティは、マンダリン意識の、歴史学という特殊な専門領域における表現でしかなかったのである。そしてこのマンダリン意識はナチ時代を生きのびることができなかった。それは当然のことである。すなわち、ナチ政権に対する無力が、あるいはそれとの共犯関係すらが立証されることによって、古いメンタリティの中身のなさが、誰の目にも明らかになったのである。このような歴史的に余儀なくされた反省の契機は、単にドイツの歴史記述のイデオロギー的前提をとりこわしただけではない。それは、あらゆる歴史記述のコンテクスト依存性に対する方法意識をも鋭敏にしたのである。

しかしながら、今日の修正主義者たちは、このような解釈学的な洞察を誤解して、プレヒストリーを任意に再構成し、そこから現在に向けた探照灯の光に浮かびあがる選択肢の中から特に都合のよい歴史像を選べばいいのだ、という考えに立っている。だが、方法意識が鋭敏になるということは、むしろ、あらゆる閉じた歴史像、ましてや政府御用歴史家たちが処方箋を書いた、閉じた歴史像の終焉を意味するはずである。避けることのできない、解釈の多元主義——それは、決して野放しにされた多元主義ではなく、反省によって透明性を与えられた多元主義である——は、もっぱら開かれた社会の構造を反映しているのである。そのような多元主義こそが、アイデンティティを形成する自らの伝統を、その両義性において明らかにする機会を切り開くのである。まさしくこのことが、多義的な伝統を批判的にわがものにするために必要なのである、すなわち、自然に生まれたかのような、しかし社会化を通じて植え付けられた閉じた歴史像とも、反省以前の、全会一致的に共有された伝統的なアイデンティティとも相いれない歴史意識を形成するためには、そうした伝統を両義的に明らかにすることが必要なのである。

今日「歴史の喪失」として嘆かれているのは、単に歴史が隠蔽され排除されたりしている事態のことだけではない。また、重くのしかかる、それゆえにしこりとして残っている特定の過去にこだわることを指しているだけでもない。とはいえ、もし、若い人々のあいだで国民的シンボルが、その影響力を失ってしまったとするのなら、またもし、自らのルーツとの素朴な一体化が、歴史とのむしろ仮説的なつきあい方に道を譲ったとするのなら、そしてもし、断絶性がより強く感得され、何が何でも連続性を賛美しようとすることがなくなっており、国民的自負や集団的自尊心が、普遍主義的な価値指向のフィルターを通して濾過されるようになっているなら、これらのことが現実にあてはまる程度に応じて、ポスト伝統的なアイデンティティ形成の兆しが増大してゆくのである。これらの兆しに、アレンスバッハ世論調査研究所は、不吉な予言をつけ加えるのが好きである。だが、もしこうした兆しが表面的なものではないとするのなら、それらはただ一つのことを表わしている。すなわち、我々は、道徳的な破局が我々に意味してきたチャンスを、まったく無駄にしてきたわけではない、ということである。

連邦共和国が西側の政治文化にいかなる留保もなく開かれていること、このことは、戦後の我々の時代が獲得した大きな知的成果である。他ならない私の世代の人間は、そのことに誇りをもっていいように思う。この成果は、ドイツ・ナショナリズムの色を染めこまれたNATO哲学によって安定させられるものではない。かの西側への開放は、まさしく〔ドイツがヨーロッパの〕中央に位置しているというイデオロギー——我らが修正主義者たちが、「ドイツは昔からヨーロッパの中心に位置していた」(シュテュルマー)とか「破壊されたヨーロッパ中央部の再建」(ヒルグルーバー)とかいった地政学的太鼓をたたきながら、むし返そうとしているイデオロギー——を克服することを通じて、成し遂げられてきたのである。我々を西側から離反させない唯一の愛国主義は、憲法パトリオティズム(Verfassungs-patriotismus)である。普遍主義的な憲法諸原理への、信念にもとづく忠誠は、文化国民を自称したドイツ人のあいだでは、残念ながらアウシュヴィッツの後になって——そしてそれを通じて——初めて形成され得たのである。「罪を気にしすぎる」(Schuldbesessenheit)(シュテュルマーとオッペンハイマー)というような決まり文句によって、このような事実に対する恥の感覚をなくしてしまおうとする者や、ドイツ人を、国民的アイデンティティの伝統的な形態へと連れ戻そうとする者は、我々を西側へ結びつける、信頼するにたる唯一の基盤を破壊しようとしているのである。

訳注

（＊1）ヨアヒム・リッター。長くミュンスター大学にあって多くの弟子を集めた哲学者・思想史家。特に近代化の過程で生じる歴史意識を基盤にした精神科学の役割を重視した論文や仕事で有名。精神科学は近代化によって生じる即物的でビジネス一辺倒の世界に対する代償(Kompensation)機能を持つというテーゼは有名。政治的にはリベラル保守。代表的な弟子にオド・マルクヴァルトやヘルマン・リュッベがいる。後者は元々は社会民主党であったが、その後保守化。この三人は、教養保守層に大きな影響力を持っている。

(＊2) 一時ドイツ軍が赤軍から奪い返した東プロイセンの村。その時に明らかになった「赤軍の暴行」ゆえに「ネマースドルフ」は恐怖の合言葉になった。

(＊3) 仮定法(ドイツ語文法では「接続法」)の könnte になっていれば、話者のヒルグルーバー自身の主張ではなく、ヒトラーのそれであることがはっきりするが、ここではそれが曖昧で、ひょっとしたらヒルグルーバーがとんでもない意見の持ち主であることを排除しない。

(＊4) ハーバーマスが問題にしているノルテのこの文章の著者自身の手も加わった英訳が存在する。H. W. Koch (ed.), Aspects of the Third Reich, London 1985, S. 17-38.

(＊5) 毎年フランクフルトの市庁舎で行われるシンポジウム。その場所をレーマーベルクというのでこの名がついている。

(＊6) 一九七六年に書かれたファスビンダーの『塵芥と都市と死』は、反ユダヤ主義であるという非難を受け、一九八五年一〇月三一日にフランクフルトで予定されていた初演は、デモによって妨害された。

(＊7) ゲルヴィーヌス(一八〇五—一八七一)。ゲッティンゲン七教授事件の一員でもあった、三月革命前期を代表する歴史家。最初の文学史記述でも知られるが、それも、存在しないドイツに対して、文学上のドイツによってリベラリズムを体現するドイツの統一を夢見たものである。

核時代の市民的不服従

——国家の正当性を問う——

解題　一九八〇年代前半のドイツ連邦共和国(旧西ドイツ)は、よく「新しい社会運動」と言われた、さまざまな批判と抵抗の運動でにぎわった。すでに七〇年代にはじまる環境保護運動、その先鋭な形態である反原発運動、アパート占拠運動、そしてなによりもアメリカの中距離ミサイル配備反対運動、さまざまな形態の女性運動(フェミニズム)などである。また、新兵入隊式妨害運動なども忘れるわけにはいかない。それらは六〇年代の学生運動の延長の部分もあるが、多くはその誤りに学んでもいた。参加者は、いわゆる反対好きの人々ばかりでなく、一般市民も含んだ膨大な数に達する。意思表示として最も先鋭的だったのは、意識的な法規違反としての象徴的暴力である。警察動員もそれにともなって増大した。八三年秋の、アメリカの中距離核ミサイル配備の実行に向けて、世論での論争が激しくなるにつれて、反対運動の〈暴力〉をめぐる大きな議論が巻き起こった。いわゆる「熱い秋」の時期である。

アメリカに発するこの市民的不服従の位置づけを試みたのが、本論である。どんなに整備された民主主義的法治国家であろうとも、憲法の普遍主義的な原則に照らした時に誤謬を犯している可能性が常にあることに根拠を持つ、象徴的な違法行為には、取り締まる当局側も、そうした違法行為をする個人の側もそれなりの覚悟と配慮が必要であることを論じた内容は、現在でも重要である。

だが、全体としての憲法秩序が承認されるに値しているからこそ、市民的不服従が可能なのだという議論は、例えば、憲法秩序が普遍主義に依拠していない国家においては、あてはまらない。しかし、だからといって完全な不当性に依拠する独裁国家へのレジスタンスにすぐなるわけではなく、かなり広いグレーゾーンが拡がるであろう。そうした問題をどう考えるかは、われわれ読者の役割であろう。

いずれにせよ、この議論は、例えば「裁判による修正の可能性」が割合と保障されているような社会においての、市民的抗議運動のあり方を考えるのに重要である――それが保障されていない社会においても、思考実験以上の意味は持つと思われるが。例えば最後の方に言われている「正当化を生み出す憲法上の諸原理が守られているか、実現されているかをめぐる論争の対象となることを最終的に免れているような機関は存在し得ない」という、この文章ではドイツではえてして絶対視されがちな憲法裁判所ですら、論争の対象となることを含んでいるわけだが、この引用のとおりであるとすると、例えば日本において、天皇といった機関は、そのような論争の対象となった場合、どのような結論が出るのであろうか。

本論は、一九八三年初夏の『ツァイト』紙に掲載され、それを拡充したバージョンが *Die neue Unübersichtlichkeit*, Frankfurt 1985 に収められている。再訳出にあたっては、新聞掲載バージョンでは多少舌足らずに思えるところを、拡充バージョンで補ったが、大きく削除されているところはそのままにしてある。また、拡充バージョンについている注は、それほど重要でないと思われるので、見送り、今ではもう大分以前のことも多いので、理解に必要な最低限の周辺的な事柄に関して訳注を付した。

ひと声高いバイエルンからの二重唱で連邦政府に節回しをつけるおふたり、つまりツィンマーマン殿〔内務大臣〕とシュプランガー殿〔内務政務次官〕は、『フランクフルター・アルゲマイネ』新聞がもう何カ月も前から歌っている歌詞に次のようなリフレインをつけて歌っている。「非暴力的抵抗も暴力よ」と。これに対して法務大臣はまるで内務大臣の陰に見えなくなってしまい(*1)——自由民主党はかつて自由な民主主義者の集団と称していたのに、その自由主義は壁際に追いつめられたままである——このコーナーからは、同語反復的言辞しか聞こえて来ない。つまり、「非暴力的な市民的不服従といえども違法である」という同語反復である。デモ取締法を厳しくせよと説く論客たちのこの数カ月の議論は、暴力という法律的概念の適用を、暴力行為という犯罪構成要件のみならず、それを越えて、政治的意思形成が通常ならざる形態において行われる場合にまで拡大しようとする風潮に乗っている。

抗議運動の変化

事実問題として連邦共和国における抗議運動は一九六〇年代初頭の復活祭デモ以来、いくつかの変化を経ている。〔六〇年代後半の〕学生の抗議行動はまだわれわれの記憶に新しい。ベンノ・オーネゾルクがいかなる理由もないのに一警察官によって射殺されたのをきっかけに〔一九六七年六月二日〕、この抗議行動は、ベルリンから西独の諸大学へと飛び火していった。なかなかファンタジーに富んではいたが、また時には暴力行為にも走ったこの新しい形の抵抗運動はアメリカの先例に力を得ていたのである。直接には、一九六五年一〇月一五日、アン・アーバーでミシガン大学の三九人の学生たちが、ベトナムにおけるアメリカの軍事介入に抗議して、その地区の徴兵事務所を占拠し、業務が終了した二時間後に排除された事件、市民的不服従の典型であるこの事件に鼓吹されたものである。この事件に続く裁判は活発な論争を生み出し、それによって世界的に有名になった。

七〇年代後半以来、いまひとつの新しい抵抗運動が形成されて来た。担い手たちの構成も異なり、目標も新しいのみか、意思表明の仕方も以前と変って、多様化し、多彩な幅を見せている。例えばボンの〔中距離核配備反対の〕大集会がそれであるが、これは、サブカルチャーによって担われ、陽気な自己表現に溢れた浮き浮きした雰囲気の大衆的催しで、そのリズムと渦巻きにボンの町全体がひき込まれていった。あるいは、ブロックドルフのように警察が阻止線を張る原子力発電所用地にドイツ各地から押し寄せるデモが見られたのもその例である。またボンやブレーメンのように、公衆の面前でこれ見よがしに行われる新兵入隊式のお芝居に反対する騒然としたデモや、ヴィールにおけるように、原発建設工事の一時的阻止や建築現場の占拠がある。グローンデの反原発村もそうであるし、フランクフルト空港の西滑走路建設に反対して掘立小屋の村を作り、大規模工事と対案提唱者の〔アルタナティーヴの〕生活形式を対峙させたのもこの例に含まれる。そして最後に〔ベルリンの〕クロイツベルクその他における住宅占拠がある。この占拠によって世論は、多くの人が住みたいと思っている保存すべき古い建物がなりふり構わぬ投機の対象と化しているスキャンダルに目を向けるようになった。(*2) 今あげたこうした運動に共通しているのは、そのどれもが底辺の現場での自発的なイニシアティヴに発していることである。参加者の構成も多種多様で、あちこちに散らばっていて、中心機関を持たない形で運動が行われている。平和運動、環境保護運動、そして女性運動のこうした融合形態は、それらをひとつの党とみなして禁止できるといったものではない。

ところで「熱い秋」なるキャッチフレーズが流行り、心情的興奮が拡がっている。さまざまの反対運動について報道する新聞論調を見ると、国家の安全を脅かす侵略者が戦争の準備を行っているかのようである。反対運動に関するニュースの取扱い方には、敵の軍隊の動静を伝える情報機関からの通信を思わせるものがある。そうしたニュースの中では、平和キャンプはパルチザンの巣窟の趣きを呈しているし、あちこちの警察本部では、おきまりのシナリオにしたがって機動隊の導入が参謀本部の図上演習のように準備されている。

だがこうした状況に見られる物の見方によると、あちこちに出没して暴れ回る少数の煽動家グループの不法行為と、道徳的根拠をもった市民的不服従に根ざす行動とが同列にされてしまい、両者の区別がつけられなくなってしまっている。このような偏狭な視点からは、今日行われている、また行われようとしている抵抗の方式の中で、まさにこうした新しい社会運動を過去のそれと区別している特徴に目が届かなくなる。つまり、かつての学生運動と較べてみればわかることだが、今日の抵抗運動は、成熟した政治的文化の基本的あり方としての市民的不服従がドイツにおいても理解されるための、初めてのチャンスなのである。法治国家におけるデモクラシーが、もしも自信を持っているならば、こうした市民的不服従を、自分たちの政治文化に不可欠の、それゆえに正常な要因とみなすはずである。

抵抗運動の指導者たちのあいだにはひとつの信念が支配している。それは、個々の抵抗の行動は、たとえ規則違反であることが初めからわかっている場合でも、象徴的性格を持つにすぎないのであって、そのつどの多数派の認識能力と正義の感覚に訴えるためにのみ為されるのだという信念である。もしもミサイルの配備を防ぎうるとしたら、それは、生存の根本にかかわる決定に対する政治的‐道徳的拒否の立場がドイツの住民の圧倒的な多数を獲得し、彼らを動員し得た場合だけであって、それ以外の方法で防げると思うのは妄想であり、誰もそうは考えていないであろう。政府の気持を変えうるのは、その政府にとって正当性の喪失が危惧される場合のみなのだから。

この市民的不服従についてアメリカの道徳哲学者ジョン・ロールズはよく知られている『正義の理論』の中で、次のような定義を提案している。市民的不服従が示されるのは、「公けになされる、非暴力による、良心に規定された、しかし違法の行動においてであり、通常はそうした行動によって、さまざまな法律の変更、または政府の政策の変更を達成することがめざされる」というものである。さらにロールズは、こうした市民的不服従を正当化しうる条件として次の三つを挙げている。抵抗は、重大な不公正が起きている、明確に記述された個々のケースに向けられるものでなければならない。成果が期待できる合法的な圧力行使のさまざまな手段が試みられ、かつ可能性が尽きていなければならない。不服従の行動は、憲法秩序全体の機能を脅かすような規模となってはならない。以上の三つが条件であるが、このロールズの理論は、その後ドイツの法学者たちのあいだでも盛んな論議の対象となっている。

いずれにせよ、国家公民の多数の認識能力と正義の感覚に訴えるという目的に発する次のいくつかの中心的規定は、論議の余地なく承認されている。つまり、市民的不服従は、道徳的な根拠をもつ抵抗であって、個人的な信条や利害だけにもとづいてはならない。また、それは公共の場での行動であって、通常はあらかじめ予告された上で為されるとともに、その経過が警察によって予測しうるものでなければならない。さらに市民的不服従は、個々の法規に対する故意の違反を含んでいるが、法秩序全体に対する服従を破るものではない。そして、法規に違反した場合の法的結果を引き受ける用意が必要である。市民的不服従におけるこの法規違反は、もっぱら象徴的な性格のものである――すでにこれだけでも、抵抗は非暴力的手段に限られるという結論が出てくる。

この非暴力性という原理をギュンター・フランケンベルクの試みは次のように定めている。法規違反が市民的であるためには、抵抗の目的に比して不釣合な関係にあってはならず、抵抗に反対する者たちや無関係な第三者の肉体的精神的な不可侵性を犯してはならない、というのである。

法律家の言うままに

政府や各党の新聞発表、またテレビ討論会や各紙の社説に共通するトーンに注意しながら、法律家たちのあいだで支配的な見解を教えてもらうと、「法は法だ」というメンタリティが幅をきかせていることが明らかである。法治国家において市民的不服従を試みる者、それによって法による平和を破る者は、法という最も傷つきやすい最高の文化的獲得物のひとつを危険に曝す輩とされ、ガイスラー(*3)の言い草によれば、「民主主義の根に斧を振る」連中だとされているようである。

これに対してロールズの主張によれば市民的不服従こそは、民主主義の道徳的基盤が適正に理解されているかどうかの試金石なのである――そしてこれにドイツ連邦共和国の事情をつけ加えるならば、ドイツの地における最初の民主主義的共和国、社会各層のすべてによって担われたものとしては最初の共和国の成熟度をはかる試金石でもあるのだ。

それではなぜ民主主義的法治国家において、いやまさにこうした国家においてこそ、市民的不服従が正当なものとして認められねばならないのだろうか。この問題にわたしは、法律学上の答えではなく、法哲学による答えを試みてみたいと思う。ただし、これがロールズの答えとどの程度一致するかは、分からないが。

ここで扱われる問題が出てくるのは、われわれが前提として、近代的な立憲国家は道徳的正当化を必要とし、また正当化の能力をも持っていると見るからである。近代国家はその市民が、法秩序を刑罰への恐怖からではなく、自分から自由に承認することを求めている。法に対する忠誠は、どんな法秩序も必ずかかげる正義というあの規範的要求を、認識によって洞察し、それゆえに自発的に承認したことの結果である。通常こうした承認は、憲法に即した機関によって法が合議され、議決され、発布されていることをその根拠としている。その過程のゆえに法は実定法の妥当性を獲得し、それが通用する領域内での合法的な行為の内容を定めるのである。これはわれわれが手続きによる正当化(Legitimation durch Verfahren)と呼んでいるものである。だがこうした正当化をいくら論じても、この正当化の手続き自身がなぜ正当であるのか、また憲法に即した諸機関の正規の活動が、いや最終的には法秩序全体がなぜ正当であるのかについては、なんの答えも出て来ない。

実定的妥当性を持つ規則が合法的に成立したことを指摘しても、当面の問題には役立たないわけである。憲法そのものを正当化する諸原理は、その諸原理と実定法が一致しているかどうかとは無関係に妥当するようなものでなければならないはずである。したがって近代的立憲国家がその市民に法への服従を要求できるのは、この国家自身が、承認するに値いする原理(anerkennungswürdige Prinzipien)に依拠している場合に限ってなのである。つまりこの原理の光に照らして、合法的な事柄が正当なものとして認められたり——また場合によっては、たとえ合法的であっても正当ならざるものとして却下されたりするのである。

規範的な意図から合法性と正当性を区別しようとする者は、憲法の諸原理のなかでも、良き根拠を持ち、承認するに値いするいくつかの原理を、そうしたものとして特記し、取り出しうる自信がなければならないのは当然である。だがこうした基本的な規範、例えば基本的人権、裁判の保障、主権在民、法の前の平等、社会福祉国家の原理といった諸規範そのものは、どのようにして正当化しうるのであろうか？　これに関しては、理性法及びカント倫理学の伝統の中で一連の提案がなされて来た。それらの提案はすべて、ひとつの共通の直観にしたがっている。それは、倫理規範として正当化しうるのは、一般化可能な関心を表現し、それゆえ関係者のすべてが、よく考えるならば賛成してくれるであろうようなもののみであるというのである。しかもこの賛成は、理性的意思形成の手続き(Prozedur)を経たものでなければならない。(*4) それゆえに、こうした根拠づけの仕方にしたがえば、歴史的に馴染んできた実質的価値秩序に戻り、それを拠りどころにしようとするような、今日好まれているやり方は受け入れられないものとなる。

こうした道徳理論に対する立場は人によって色々であろうが、どの立場を取るにせよ、民主的法治国家であるならば、単なる合法性によって自己の正当性を根拠づけるのでない以上、市民に要求する法への服従は、絶対的服従ではあり得ず、一定の制限つきの服従しか要求できないはずである。基本法が、第一条第二項で人権は不可侵で譲り渡すことのできないものであるとして、それへの信仰告白を行っているのも、まさにこうした事情に応じているのである。

法治国家の逆説

民主主義的な法治国家の諸制度のうちには、人間の理性が誤謬に陥りやすく、また人間も堕落しやすい性質を持っているという、理性および人間性への不信感が具体的な姿をとって現われているのだが、実はこの不信感は、こうした制度化しうるコントロールや相互抑制の枠内部のことにおさまるものではない。というのは、法的手続きがいかに遵守されていても、また学問的法律学の権威がいかにあっても、そうした手続きや学問的権威は、法秩序や法律学が――形式の上で無傷なまま――道徳的な根を喪失するかもしれないときに、それに対する守りの手段に自動的になってくれるというわけではないからである。この点は、今年(一九八三年)が一九三三年一月三〇日(ヒトラー内閣成立)から五〇年目であることを考えるなら、詳しい説明は必要としないであろう。

法治国家はしたがって、自己のアイデンティティを保持しようとするならば、ある逆説的な課題に直面することになる。つまり、このような国家は、合法的な形態をとった不公正が起きているのではないかという不信感があれば、そうした不信感を擁護し、消えないように活気づけねばならない一方で、そうした不信感が制度的に確立した形態をとることはできないという逆説である。自己自身に向けられた制度化し得ない不信感というこの理念によって法治国家は、そのつど実定的に制定された諸機関の集合体以上の存在となるのだ。この逆説を解決しうるのは、彼女らや彼ら市民のセンシビリティを育む政治的文化、そしてまた危険を恐れぬ勇気、さらには判断力を彼らに持たせてくれる政治的文化のみである。過渡的状況や例外的状況にあって、正当性に対する合法的侵害を認識し、必要とあらば道徳的洞察にもとづいて違法な行動をもなしうるためには、それに応じた判断力と覚悟が不可欠である。

ただし市民的不服従のケースが成立しうるのは、当該の法治国家そのものが全体としては無傷であるという条件下でのみである。その場合に規則破りをする者は、直接的に主権者として国民投票をする市民の役割を取るわけであるが、それはあくまで、そのつどの多数派に向かってアピールするという枠を保ちながらなのである。レジスタンスの闘士と異なるところは、規則破りをする市民たちが既存の秩序の民主的な正当性を承認していることである。正当な市民的不服従の可能性はただひとえに、民主的法治国家においても合法的な(legal)規則が正当ならざる(illegitim)こともありうるという事情に発しているのである。〈正当ならざる〉といってももちろん、なんらかの私人的な道徳、特別の権利、もしくは真理なるものへの自分だけの特別なアプローチといった規準で測ってのことではない。規準となるのは、すべての人間にとって明察可能な道徳的原理、近代の立憲国家がその市民たちによる自発的承認を期待する時に根拠としうるような道徳的原理のみである。

したがってここで論じられているのは、不公正そのものが秩序となるような極端な場合ではなく、なんどでも生じうるような標準的な場合である。なんどでも生じうるというのは、普遍主義的内実を持った憲法の諸原理は難題であって、その実現は長期にわたるプロセスであり、歴史的に見て必ずしも直線的に進行するものではなく、むしろ誤謬や抵抗や敗北によって色どられているからである。例えば基本的人権に関するヨーロッパの歴史は、こうした反動や後退によってなんども中断されながら進行する集団的学習過程であると見ることができよう。この学習過程が終了したなどと誰が言えようか。今日でもわれわれは、幸せな遺産継承者であると感じてすむものではない。全体として言えば法治国家なるものは、こうした歴史的パースペクティヴから見た場合、なんらかのできあがった形態なのではなく、脆弱な、誤謬に陥りやすい一箇の企てなのであって、それは、さまざまに変化する状況に応じて、正当な法秩序を創出し、維持し、革新し、あるいは拡大しようとするのである。このプロセスは終わっていないからこそ、憲法に定められている諸機関も、このような誤謬の可能性を免れた例外ではない。

その上、不公正をまずは肌で最初に感じるのは、さまざまな重圧に喘いでいる人々である。不公正を最初に感じる彼らは、たいていの場合、なんらかの特別な資格や特権による影響力を持っていない。議会、組合、政党などに属しているとか、あるいはマスメディアを使えるとか、また、選挙にあたって投資の停止をほのめかすような威嚇手段を持ち合わせていない。こうした理由から、市民的不服従という、国民投票的プレッシャーこそは、法実現のプロセスにおける誤謬を直し、革新をもたらすための最後の手段であることが多い。たしかにわれわれの法秩序には自己修正のための多くのメカニズムが組み込まれているにはちがいない。議会での法案の審議(読会)を三回は行うことにはじまり、上級裁判所への道が開かれていることまで含めてさまざまなメカニズムが組み込まれてはいる。だがまさにその事実が語っているのは、法治国家は自己修正(再審)の必要性が相当に高いことをはじめから計算に入れているということにすぎないのであって、他の修正の可能性は一切排除されねばならないということではないのだ。オックスフォード大学の法制史の教授であるロナルド・ドゥオーキンは、市民的不服従をこの境界線にあるものと見ている。

法や政治はたえざる適応と修正である以上、表面的には不服従であっても、それが実は、とっくに行われていてしかるべき改正や変革のペースメーカーであることが明らかになるのにいくらも時間がかからないことがある。こうしたケースにあっては市民による法規違反は、道徳的に根拠づけられた実験であり、こうした実験がなければ、困難な事態に直面した共和国が、活力ある共和国であるために必要な革新能力や、正当性に対する市民たちの信頼を維持しえないのである。代表制をとる憲法が、全員の利害に関わる具体的難題に直面したときにもしも機能し得ないならば、国民は市民として、いや、一人一人の市民として、主権者としての本源的な権利を行使しなければならないのだ。民主主義的な法治国家は、窮極的には、〔国民という〕正当性の擁護者に依拠して存在しているのである。

もちろん法規違反をする側の人々にも、彼らが道徳的知見を特権としてではなく、彼らの部分的な不服従を認めて貰うための理由として使う場合でも、思い違いの可能性はある。今日の愚者が明日の英雄であるとはかぎらない。今日の愚者の多くは明日になっても昨日の愚者のままであろう。このように市民的不服従はしばしば、現代史の不透明な領域で動いている。明白な一義性が欠如している以上、違反する側、国の側の両者の責任は重要である。法規違反者の側は、耳目を聳動させる彼らのやり方が、その選択において状況に本当に相応しいものであるかどうか、ひょっとしてエリート的心情やナルシシズム的な衝動に、要するに高慢に根ざしてはいないかどうか、その点を入念に吟味する必要があろう。他方で国の側も、歴史的影響力を持った判断は差し控えねばならない。そして今日において違法行為をなし、ひょっとして明日になってもやはり間違ったままであるような者たちに対しても、彼らを尊重する態度を取るべきであろう。市民的不服従によって法秩序の存在や意味が全体として問題にされているわけではない以上、国家は、その制裁能力をフルに発動するのをやめることが可能なのだ。

もしもある政治的文化の中で、両者の側にこうした自己抑制が欠如した場合にどういった様相を呈することになるか、それをよく示しているのが、シュヴァルバ＝ホート議員が前提条件や手段について十分に考えないまま行ったデモンストレーションである。(＊5) そしてさらに、当然のことながらもっとよく示しているのが、それへの反応としていわゆる「血塗り」なる表現が作られ、それに伴い引き起こされたなんとも言いようのないあのおしゃべりである。今回の一連の事件に、将軍たちの、勲章で飾られた、隔世遺伝にも等しい胸は別にして、血に飢えた存在がいたとしたら、それは「いまわしい血の暗殺」に対する報復の刑罰を求めるあの叫び声である。

権威主義的なリーガリズム

ロールズとドゥオーキンは、市民的不服従の場合には、刑事訴追の形態に変更を加えるのが適切であると考えている。当局は、起訴すべきか、裁判手続きを開始すべきか、有罪判決が必要かどうか、必要とあれば、どの程度の量刑にすべきか、こうしたことを決定するにあたって、十分な自由裁量の余地を持っている。いかなる場合でも裁判所としては、市民的不服従を、通常の不法行為とは異なるものとして認識していることを分からせねばならない。民主主義的な法治国家は、その実定法的秩序に尽きるものではないのだ。代議制度が機能しない例外状態においては、そうした法治国家の正当性を気遣う人々に対しては、合法性はいったん、解除される。こういうケースがいつ生じていると見るかの確認は、憲法による国家諸機関がすることでないのは、論理的に見て明らかであろう。市民的不服従は、民主主義的な法治国家の正当性を高く設定したみずからの要求によって、その品位を得ているのである。もしもこの品位を検事や裁判官が尊重せずに、規則違反を犯した者たちを犯罪者として訴追し、通常の量刑を課するならば、彼ら検事や裁判官は、権威主義的リーガリズムに陥ることになってしまう。彼らは、前近代的な法状況に発する、因襲的な国家理解にもとづいた諸概念で物を考えていることになり、それによって、発展した民主主義的な公共組織(Gemeinwesen)の道徳的基盤とその政治文化を無視し、短絡化してしまうのである。

権威主義的リーガリズムの擁護者たちが、好んで頼りにするのはカール・シュミットである。カール・シュミットは、ホッブズの描く、宗教間の闘争という内乱の恐ろしさを論じて、世界観的に中立な国家の平和維持機能は、市民より上位にある主権に対する服従を必要とするとまことしやかに説いた。この彼のテーゼはその後、さまざまな実現形態に合わせて使われている。しかし、より上位にある主権という役割を、かつてのように帝国大統領や「総統」にではなく、議会や連邦憲法裁判所に与えたとしても、われわれを納得させるものではない。民主主義的な法治国家は、その市民たちの、基本的人権として保障されたそれぞれ主観的な信条に対しては中立を守るが、合法性と法への服従を支える、間主観的に承認された道徳的基盤に対しては、決して中立的な態度をとることはないのである。国家公民の一人一人の良心は、ありとあらゆる人々にかかわる事柄にまで及んでいるのだ。したがって、正当化を生み出す憲法上の諸原理が守られているか、実現されているかをめぐる論争の対象となることを最終的に免れているような機関は存在し得ないのである。しかも、国家による政治的介入が、社会生活の一番基本的な基盤にまで入ってくる現在の状況においては、なおさら存在しえないのである。

当然のことながら、市民的不服従としての法規違反を正当化しうる状況が現在において眼の前にあるかどうかは、これまで述べて来た原則的な問題とは別問題である。予定されている核ミサイルの配備は、かつてマーティン・ルーサー・キング牧師やアメリカの公民権運動の人々が抗議したような不公正、つまり基本的人権の明白な侵害と異なることは明らかだ。政府がその明確な防衛および外交政策の遂行にあたって採用し執行する軍備政策上の措置を、そのまま生存権の侵害であるとか、あるいは身体不可侵の権利や人格の自由な発展の権利への侵害であるとかいうように解釈するのは、いずれにしてもなかなか難しいだろう。またかつてのベトナム戦争反対運動が立ち向った不公正とも異なっている。連邦政府が国際平和を守る義務を侵害したという嫌疑をかけるのは無理がある。にもかかわらず、非常な危険と結びついた安全保障政策上の決定、しかも一人一人の生活に、それどころかすべての民族の存亡に深くかかわる決定が、連邦議会の単純多数という稀薄な正当性に支えられているだけでいいのかという問いは成り立つであろう。いずれにせよこの疑問は、「戦争防止の戦略から戦争遂行の戦略への転換」(ゲルト・バスティアン)(＊6)なるものがもし本当にそのとおりであるなら、説得性のあるものとなる。世論調査の結果からわかるとおり、NATOの二重決議に関する市民の意見は、一九八三年三月の総選挙における現在の政権政党(保守のキリスト教民主同盟・キリスト教社会同盟CDU／CSUおよび自由民主党FDP)の勝利にそれほどの重要な役割を果していない。だがかりに重要な役割を果していたとしても、連邦憲法裁判所のヘルムート・ジーモン判事がハノーファーにおけるこの前の教会会議で発した問いは、やはり湧き上って来ざるを得ない。彼はこう問うたのである。「単純多数の原理で(そもそも多数決による議決の許されないテーマに関してではなくても)本当に常に十分であろうか？　将来多数派が交替した時には元に戻すことができないような重大な決定、しかももし間違っていたとしたら、誰にとっても死を招きかねないような決定にあって、単純多数決でいいのだろうか？」。ジーモンは、現在妥当している憲法上の諸原則の光に照らして、平和運動の政治的目標から法律上の帰結を引き出して、大量殺戮兵器の技術開発や戦略的使用計画に関する決定は、多数決原理で行ってはならず、さらに言えば、「大量殺戮兵器の使用は――かつて奴隷制がそうであったように――議決すべきでない問題」とすべきであると主張しているのである。

多数決原理の前提

多数決原理は時間的制約下において相互了解のプロセスを理性的に操作可能なものとするが、その際に本来前提されているもろもろの条件に較べて、実際の政治的決定過程がいかにずれているかは、多数決の社会学が冷ややかに明らかにしてくれているとおりである。それにもかかわらずわれわれは、多数の決定には少数派も尊重してしたがうべきであるという原理を、デモクラシーの王道として守っている。今日においてこの考えを本気でひっくり返そうとする者はいないであろう。だが、多数決原理が正当化の力を保持しうるためには、いくつかの最低限の前提が満たされていなければならない。つまり、生れにもとづく少数グループ、例えば文化的伝統やアイデンティティの分裂などにもとづく少数グループがいない場合にのみ、多数決は可能なのである。また多数派といえども、取消し不可能な決定をしてはならないのである。多数決原理は、ある特定のコンテクストにおいてのみ人々を納得させうるのである。多数決原理の価値は、時間の足りない中で、また限られた情報に基づいてなされる決定が、ディスクルス〔討議〕によって得られる意見の一致や、公平なものと予想される妥協という理想的結果からどの程度離れているかという理念を基準に測りうるものでなければならない。

現在は、市民的不服従がどのような意味で正当であるのかを、一歩も譲らずに明らかにすべき時であろう。これは、市民的不服従への呼びかけとして言っているのではない。このような危険を引き受けるかどうかの決定は一人一人が行うべきことであろう。市民的不服従の「権利」は、もっともな理由から正当性と合法性のあいだのゆらぎのなかにあるのだ。だが、この市民的不服従を下劣な犯罪であるかのように告発し、追及するような法治国家は、権威主義的リーガリズムの次元に陥ることになる。「法は法だ」「恐喝は恐喝だ」というきまり文句が法律家たちから発せられ、ジャーナリストたちが喧伝し(*7)、政治家たちの採用するところとなっているが、これは実は、あのナチスの海軍法務官の信念、つまり当時合法であったものは今日も正当であるはずだという信念と同じメンタリティに発しているのである。というのも、法治国家における市民的不服従と、不法国家に対する積極的抵抗との関係は、法治国家における権威主義的リーガリズムと、不法国家における疑似合法的な抑圧の関係に対応しているからである。

一九四五年直後ならばおそらく誰もが認めたであろう当然のことが、今日ではなかなか耳を傾けてもらえないのである。新保守主義の先唱者たちが、過去のポジティヴな面に共鳴するのが国民の義務であると唱え始めて以来、現代における偽りの実定的制度は、過去のそれに歴史的に支えて貰おうとしているのである。これは足元の大地が揺れ出すにつれて、ますます執拗になんらかの一義的なものにしがみつこうとする精神的態度であり、その点は軍事に関しても、歴史に関しても、またいわずもがなのことだが法律の取扱いに関してもまったく共通している。しかも実定性があいまいで怪しいという点に関しては、使用しないためにできるだけ完璧なものにするとされるあの武器よりも明白な存在を獲得したものはないのに、である。

両大国が、この核時代においてすら〈勝てる戦争〉という一義性に戻ろうとしているのが本当だとするなら、安全保障というこのユートピアには、「闘うデモクラシー」(8)についてなされる誤解と同じものが見られることになる。つまり、「闘うデモクラシー」を法実証主義的に誤解すると、市民的不服従が持つあいまいさをきれいさっぱりぬぐい去って一義性を得ようとすることになるが、こうした思考構造が、安全保障のユートピアにも繰り返し現われていると言える。権威主義的リーガリズムは、一義的ならざる、あいまいなものが持つあの人間的実質を、民主主義的法治国家がまさにこうした実質によって滋養を得ている当の局面において、否定しているのである。

訳注

（＊1）本論が書かれた一九八三年時点の法務大臣はエンゲルハルト（自由民主党FDP）である。元来FDPはその名のとおり、リベラリズムで知られ、人権の擁護、政治的抵抗運動の評価などに積極的に取り組んでいた。歴史的には中小企業、自営業者などに支持基盤を持っていただけに同党は小党ながら、古典的な市民的自由の擁護という点では、巨大な組織政党である社民党よりも徹底している面があったが、八二年一〇月に社民党と袂をわかち、キリスト教民主同盟と連立政権を組んでからはその方向がすっかり鳴りをひそめてしまった。特に本論が書かれた時点では、内務大臣は本文にもあるように、きわめつきのタカ派のツィマーマン（CSU）で、その勢いの方が人権を重視する自由民主党の法務大臣に優っていた。次の挿入文でこの変化が揶揄されている。

伝統的に法務大臣の職は権利の擁護に重心があり、法と秩序の担当は内務大臣であるという、日本とは違う、一般世論での理解を押さえておくことも理解のために必要である。

(＊2) 七〇年代半ば以降、フランクフルトやベルリンのかつての高級アパート街で、世紀転換期あるいはそれ以前に建てられた、それなりに風格のある建物を、多くは巨大資本である家主が、メンテナンスをいっさいやめ、荒廃するに委せる動きがあった。それによって下層階級や外国人労働者が住み着き、やがて彼らも住まなくなるか、それでも住んでいる者には立ち退きを迫って空き家にして、取り壊し、もっと能率のいい(天井も低くして階数も増やし、一戸当たりの面積も狭くする)マンションに立て替えようという計算である。それに抵抗する人々が、「修理占拠」と称して、空き家に住み着いた。政治的な運動の舞台になったり、新しい生活形式の実験場にもなったが、法的には違法で、家主の立ち退き請求を実行する警察との抗争も繰り返された。ちなみに、当時のきわめて右翼的なベルリンの内務大臣ルンマーを守り、家主側に立って、「粛々と」法を貫徹しようとして、問題視されたベルリン市長は後に大統領になったリヒャルト・フォン・ヴァイツゼッカーその人である。

(＊3) ガイスラーはキリスト教民主同盟が野党にあった頃は、党の幹事長。シュトラウスのような権力主義に抵抗する穏健派として、現在のコール首相を支持する。現在は大臣。そうしたリベラル派の遵法意識の限界と民主主義理解の狭さがここで突かれているといえよう。

(＊4) ヴェーバーの実質合理性(もしくは質料合理性)を下敷きにしていると思われるこの表現で批判されているのは、最近の新保守主義的、もしくは新伝統主義的傾向であろう。もはやそれ自体として生きていない伝統のうちに行動規範を求める傾向である。その中では教養主義の伝統と原発が、古典的規律と、国際競争に勝ち抜くための労働モラルとが相互補完的に重視されることになる。

（＊5）ヘッセン州の「緑の党」の議員で、中距離核兵器導入に反対するシュヴァルバ＝ホートは一九八二年夏、自分の血液で満たした風船玉をNATOの将軍の胸に投げつけ、将軍の胸を血に染める事件をおこし、大いに物議をかもした。保守派や『ビルト』紙に代表されるデマゴーグたちは、たちまちBlutsudelei（血で汚すこと。「血塗り」と訳してみた）なるキャッチフレーズを作りあげ、それに伴う「おしゃべり」の中で刑事罰を求めた。ハーバーマスは、シュヴァルバ＝ホートからも距離をとっているが、「報復の刑罰を求める叫び声」こそ、いっそう政治風土にとって危険であると見ていることはいうまでもない。

（＊6）ゲルト・バスティアンは、当時の平和運動および、環境保護運動の中心人物の一人。戦車師団の師団長であったが、中距離核ミサイル導入の政府の方針を批判し、退役。その後、緑の党のペトラ・ケリーと一緒に一九九二年一〇月一日自殺した。

（＊7）バーデン＝ヴュルテンベルク州の元首相フィルビンガー（キリスト教民主同盟）を指す。フィルビンガーは、その穏かな風貌と言辞で州民のあいだで比較的信頼を集めていたが、こともあろうにその彼が、敗戦直後、つまり武装解体寸前のドイツ海軍にあって、脱走し逮捕された若い兵士に殆ど即決裁判で死刑の判決を下し、執行させたことが二十数年たって発覚し（一九七八年）、辞職を余儀なくされた。辞職間際に彼が言った捨て科白「当時合法であったものは、今日でも正当であるはずだ」は、旧世代のリーガル・マインドの典型とされ、広く引用された。

（＊8）　ヴァイマール民主制の崩壊への苦い反省から、民主主義を破壊するものに対しては「民主的」ではあり得ないとして、危険を「芽のうちに摘み取る」「守りの強い」「闘う」民主主義という標語が戦後唱えられ始めたのだが、次第に共産主義批判、テロリズム追及と結びついて多用されるに至った。平和運動にあっても、それを批判する保守の側が好む表現となった。こうした誤用のうちにハーバーマスは、権威主義的リーガリズムと同じものを感じとっているわけであろう。彼から見れば市民的不服従こそ「闘う民主主義」の実践のひとつであるということにもなろうか。

III

遅ればせの革命と左翼の見直しの必要

——今日における社会主義とは？——

解題　本論は、ベルリンの壁が開いてから東欧各国が激動的変化に曝されていた数週間の経験をもとに、西欧の批判的、ノンコンフォーミズム的左翼の位置づけを試みたものである。冷戦の勝利によって西欧のエスタブリッシュメントが奇妙な自信をつけ、左派がオリエンテーションを失うかに見えた状況にあって、社会国家的妥協の限界、民主政治における憲法諸制度の「草の根」からの遊離、さまざまな社会的アノミー、一言でいえば「生活世界の植民地化」の諸問題は、つまり、資本主義社会の暴走を抑制するために批判的な公共の議論を通じた利害の普遍化が必要である事態は、変わっていないことを強調したものである。

同時に、西欧にも存在するいわゆる東側シンパ、つまり現存する社会主義にシンパシーを抱いた理論の問題性が、徹底的に解剖もされている。東の体制への批判が、西の〈自由主義社会〉の単純で盲目的な擁護にならない理論的な方途が、一貫してハーバーマスの五〇年代以降の知的戦略のひとつの枠組みであった。この点は、日本の左派知識人に大きく欠けていた。この欠如はまた、ある時期から、〈保守〉になった人々のノーテンキぶりをも助長したかと思われる。

なお、本論は一九九〇年三月の旧東独におけるはじめての自由で民主的な総選挙よりも前に書かれていることは、議論からも推測が可能である。なお東側社会主義を指すStaatssozialismusを「国家社会主義」と訳すのは、ナチスと紛らわしいので、避けたかったが、他の案も必ずしも妥当とは思われないので、時折り原語を入れることにして、とりあえず「国家社会主義」のままにしておいた。

なぜ一九四五年に、〔ナチス〕党員の中でもましな連中が、人間の顔をしたファシズムを求めようという発想を思いつかなかったのだろう。

ヨハネス・グロス『ノートブック』最新刊、第四作

新聞の学芸欄では社会主義の脱魔術化なるものがもてはやされている。ひとつの理念の挫折という言い方がなされたり、さらには、西欧の知識人、そしてドイツの知識人が自分たちの過去を遅ればせながらいまこそ見つめ、克服するべきではなかろうかとも言われている。こうした反語的問いに続いてリフレインのように同じ文章が繰り返される。つまり、ユートピアの思想とか歴史哲学というのは必ず弾圧に終るものだというリフレインが。だが、歴史哲学への批判はもう大分昔に流行した商売である。レーヴィットの『世界史と救済史』がドイツ語に訳されたのは、一九五三年のことだ。(1) それでは今日の切り札はどんなものだろうか。東欧および中欧における革命的変動の歴史的意義はどのように評価したらいいのだろうか。国家社会主義(Staatssozialismus)の破産は、一九世紀に根をもつさまざま

な政治運動や政治理念にとってどのような意味をもっているのだろうか。またこの破産は、西欧左翼のもたらした理論的遺産にとってどのような意味をもっているのだろうか。

1

ソビエト連邦の支配地域における革命的変動はさまざまな顔を持っている。ボルシェヴィズム革命の本国において、ソ連共産党のトップが始めた上からの改革プロセスが生じている。その成果、いやそれ以上にこの改革の意図せざるさまざまな結果は、社会政策上の基本方針が変わるにつれて、またさらには支配体制そのものの本質的な要因が変わるにつれて(特に政治的公共圏が成立し、政治的多元主義が芽生え、共産党の権力独占が少しずつ放棄されるに伴って正当化の仕方が変わるにつれ)、一つの革命的発展へと定着していった。この改革のプロセスは現在ではもうほとんどコントロール不能になっているが、さらには、この改革そのものによってきっかけを与えられた民族的かつ経済的な抗争によって危うくなっている。この運命的なプロセスになにがかかっているかは、いかなる側に立つ者であろうとも熟知しているところである。またこの改革プロセスがあってこそ、中部ヨーロッパの東側の部分における変革(独立を求めるバルト三国も含まれる)、さらにはD

DR〔旧ドイツ民主共和国、通称、東ドイツ〕における変革の前提条件ができたのである。

この革命的変動は、ポーランドでは、カトリック教会に支持された「連帯」の運動による長い抵抗の成果であった。ハンガリーでは、政治エリートのあいだの権力闘争の帰結であった。DDRとチェコスロヴァキアにおいては大衆の平和的デモ行進によって政府の転覆が余儀なくされ、ルーマニアでは流血の革命となり、ブルガリアでは緩慢な変化のかたちをとった。現象形態はこのように色々であっても、これらの国々で起きたことが革命であったことは、まさにそれらが事件であったことから読み取れる。革命は革命としてさまざまな既成事実を作り出す。だが、この革命は言ってみれば映画のリールを巻き戻す革命として我々に知覚される。つまり、いままで実現できなかった歴史的発展をやり直し、取り返し、追いつく(nachholen)ための道を開く革命として知覚される。それに対してボルシェヴィキ革命の本家のソ連における変化は見通しがつけにくく、まだその性格を言い当てる概念がない。ソ連ではこの革命にはまだ(これまでのところは)、これまでのことを撤回しやり直すという明確な性格が欠けている。一九一七年二月への、ましてやツァーのペテルスブルクへの象徴的回帰などがなされたとしても、それは革命としての意味をなさない。

ポーランド、ハンガリー、チェコスロヴァキア、ルーマニア、ブルガリアなどは、国家社会主義的な(staatssozialistisch)社会秩序や支配秩序を内発的な革命によって得たわけではない。むしろ、戦争の結果として赤軍の進駐に伴い、そうした秩序を受け入れさせられたのである。そうした国々では、人民民主制の撤廃は、昔からの民族的象徴への回帰の旗印のもとで行われ、可能なところでは両大戦間期の政治的伝統や政党分布に再び立ち返るかたちでなされた。革命的変動が革命的事件へと凝集したこうした地域では、憲法政策の上で市民革命の遺産に、また社会政策の上では発展した資本主義の交通形態や生活形式、特にヨーロッパ共同体のそれに結びつこうとする望みが最も明確に表明されている。DDRの場合にはこの「結びつき(Anschluß)」なる語は文字どおり併合という意味を獲得してしまった〔ドイツ語のAnschlußにはかつてのナチスによるオーストリア併合でも使われたように、〈併合〉の意味がある〕。というのは、DDRにとってドイツ連邦共和国は上記ふたつの意味を持っているからである。つまり西欧タイプの、民主的憲法に支えられた、豊かな社会である。「我々こそ国民だ」というキャッチフレーズでもって国家保安省の支配を転覆させたあの〔東ドイツの〕反体制派の人々が思い描いた内容を、一九九〇年三月一八日の選挙でDDRの選挙民が承認することは、まずありえないであろう。しかし、選挙民の意思表示は、この革命の解釈として歴史的な重みを持つであろう。つまり、この革命は「やり直し、取り返す」ための革命であるという解釈である。人々がやり直し、取り返したいと思っているのは、まさにドイツの西側部分と東側部分を四〇年間にわたって区別していたもの、すなわち政治的にはより幸福な、経済的にはより成功した発展なのである。

このやり直し、取り返そうとする革命が、民主的法治国家への回帰を、また資本主義的に発展した西側への結び付きを可能とすることにより、この革命は、教条的マルクス主義においては一九一七年の革命でとっくに過去のものになったとされるモデルを範とすることになる。この事態は、この革命が持つ奇妙な特徴を説明してくれるかもしれない。奇妙な特徴というのは、未来を照らすような、革新的な理念がほとんど欠けているという点である。ヨアヒム・フェスト〔保守的情念に貫かれた論客〕も同じ観察をしている。「近代における歴史的な革命はそのすべてが社会革命としての強い心情にとらわれていたが、まさにその要素がこの革命にはない。この事実を見ると、一連の事件は混乱した性格を、どこか中心を模索しているような性格を示している」(『フランクフルター・アルゲマイネ』紙、一九八九年一二月三〇日)。やり直し、取り返そうとするこの革命の性格は実際に混乱しているが、その理由は、革命といっても、この Revolution という言葉の、フランス革命によって使用不能になった古い意味を思い起こさせるからである。それは、政治的支配形態というのは交互に替わりながら繰り返されるもので、星辰の運航のように交代しあうという改良主義的な意味である。(2)

そうしてみるならば、一連の革命的変動に加えられる解釈が非常に多様であり、相互に矛盾しあっているのも不思議なことではない。議論のなかで輪郭の浮かび上ってきた六つの解釈パターンをここでは取り上げてみよう。最初の三つは社会主義の理念に対し肯定的であり、あとの三つは批判的である。つまり、一方には、スターリニズム的解釈、レーニン主義的解釈、改革共産主義的解釈があり、他方にはポスト・モダン的解釈、反共産主義的解釈、自由主義的解釈がある。そしてこの両グループはこの順番でそれぞれペアにして見ることができる。

スターリン主義の立場から今回の変動以前の昔のあり方を擁護しようとする人々は、もうその代弁者を失ってしまった。彼らは今回の変動が革命的性格を持っていることを認めず、一連の動きを反革命としてとらえようとする。映画のリールを巻戻し、やり直し、取り返そうとする、この革命のどちらかといえば尋常ならざる側面を、彼らはいまなおマルクシズムの図式に強引にあてはめて理解しようとするが、もうこの図式では駄目である。東欧、中欧の国々およびＤＤＲにおいては、――よく引かれる有名な表現で言えば――下にいる一般の人々はもうやる気がなく、上の連中はもうやる能力がない事態になっていたのは、すでに歴然としていた。国家保安省の機構にたいして、かつてバスチーユに向かったのと同じ怒りをぶつけたのは、大衆であった(決して西側から送りこまれた挑発専門の少数の輩たちではなかった)。国家における一党支配の独裁権力を打ち砕いたさまは、ルイ一六世に対するギロチン処刑を思いおこさせかねないほどだった。

　さらには、骨の髄までレーニン主義に凝り固まった連中ですら、事実の前には眼を閉ざすことができないほどにまで、革命の事実はあまりにはっきりしている。そこで〔東独の〕歴史家のユルゲン・クチンスキーは少なくとも「保守革命」という表現を使って、この変動が長期的な革命過程における自己浄化としての改革であるという位置づけをしようとする(『ツァイト』紙、一九八九年一二月二九日号)。だがもちろんのこと、この解釈は、歴史は階級闘争であるという正統派の見方に依然として依拠している。その場合、歴史の最終目的《テロス》は確定されているかに見える。こうした歴史哲学はすでに方法論的観点から見ても疑わしい位置を占めているが、そのことを別にしても、これでは、国家社会主義的な支配体制や社会体制という構造的条件のもとで成立したり、あるいはそうした条件によって引き起こされた(民族的反動や原理主義的反動などもそうであるが)社会運動や抗争などの説明には役にたたない。そのうえに、東欧、中欧の国々およびＤＤＲにおける政治の動きは、国家社会主義の単なる自己改善という診断を乗り越えて先に進んでしまっている。

　この事態はまた第三の立場、つまり改革共産主義的解釈に対する決定的な反論にもなっている。この改革共産主義の立場は、国内亡命から帰還したドゥプチェクの、プラハのヴァーツラフ広場における演説に印象的に体現されていた。また、ＤＤＲにおける革命運動を引き起こし、当初はその指導にあたった野党の人々の多くの部分も、民主的社会主義という目標をめざしていた。つまりは、社会国家(Sozialstaat)的原則によって馴致された資本主義と国家社会主義のあいだのいわゆる第三の道なるものに導かれていた。レーニン主義者たちはスターリン主義による誤った動きを修正しなければならないと考えているのに対し、この改革共産主義の人々は、もっと遡ろうとする。つまり、西欧マルクス主義における多くの理論的潮流と同じ見解を取りながら、彼ら改革共産主義者たちは、ボルシェヴィキ革命についてのレーニン主義的な自己理解そのものがはじめから社会主義を歪めたという前提に立つ。生産手段の民主的な社会化の代わりに国有化が促進され、それによって全体主義的支配機構が官僚主義的に自走するきっかけとなってしまったと彼らは考える。

十月革命をどう解釈するかで第三の道に関する理論はさまざまな形態を取る。楽観的な見解によれば(この見解はおそらく「プラハの春」の代表者たちも支持したものであろうが)、ラディカルな民主化を通じて、国家社会主義は変貌し、西欧の社会国家的原理にもとづく大衆民主主義よりもすぐれた社会秩序が発展してくるであろうとされる。別の見解によれば、「現存する」ふたつの社会タイプのあいだの第三の道につながるであろう、国家社会主義のラディカルな民主主義的な改革は、うまくいった場合、脱中央集権化されたコントロールへと経済システムを変更し、そうした経済システムがはっきり分化してくることを通じて、第二次世界大戦以降の発展した資本主義社会において見出された社会国家的妥協と少なくとも等価なものができるとする。〔西側と〕等価なこの学習過程の結果として、非全体主義的な社会ができるとされる。つまり、民主的な法治国家の諸形態を憲法制度として持った社会である。そうした社会は、西側の社会タイプと比べた場合、体制固有のプラス面(社会福祉と質的成長に関しても)、またそのマイナス面(生産力の拡大とイノヴェーションに関しても)で西側を真似するのではなく、西側と相互補完的な関係に立つものとされる。この見解は先のものに比べればより弱い解釈であるが、この場合でも、最近言われる言葉を使えば「社会主義的市場経済」が機能しうることに信頼を寄せている。このような可能性にたいして、ある人々は、そんなものは不可能だとはじめから頭ごなしに反論するし、別の人々は、このような発展の方途は、試行錯誤のプロセスに委ねるかたちで試みてもいいのではないかと考えている。戦闘的な自由主義者であるマリオン・デーンホッフ(『ツァイト』紙の主筆)ですらも、「社会主義と市場経済を結びつけようという、現に存在する望みは、多少の想像力とプラグマティズムがあれば十分に実現可能なものである――社会主義と市場経済は相互に修正しあえるのだから」(『ツァイト』紙、一九八九年一二月二九日)と述べている。こうした展望は、可謬主義的な気分を持った改革共産主義の意図に沿おうとするものである。つまり、この改革共産主義は、レーニン主義的な解釈と違って、歴史哲学的な確信はすべて放棄しているのだ。

国家社会主義が内部からの革命によって改革が可能であるかどうか、そして民主的な方向への発展のポテンシャルを持っているかどうかというこの問題は、今日にいたってみると、もう取り上げないでもすみそうだ。私の推測では、この問題はソ連においても、いかなる点でも荒廃しかもたらさなかったスターリン主義の遺産があることを考えると（そして多民族国家の分解がはじまりそうなことを考えると）、考えてみたところで現実的ではなくなっていると思われる。DDRにおける革命が第三の道を歩む可能性があったであろうかという問題は、先の〔試行錯誤という可謬主義的な〕解釈がたとえ正しい前提にもとづいているとしても、もう答えることのできない問題であろう。というのも、こうした解釈の正しさを検証しうる唯一の可能性は、この試みが国民の意思によって正当性を与えられ、「多少の想像力とプラグマティズム」をともなってなされるという、その実践のなかにしかありえなかったからである。ところが住民の大多数はいかなる誤解の余地もないまでにそれに反対する決定を下したのだ。四〇年間の失敗の後では、そうした決定の理由も理解することができる。この決定は尊重に価する。特に、こうした第三の道を選んだ場合のマイナスの結果に個人としては遭遇しないですむ立場にいる〔西側の〕人々ならばなおさら、この決定を尊重すべきであろう。そこで、今度は社会主義に批判的な立場からの三つの解釈に目を向けてみよう。

こちら側〔西側〕でも極端な立場の見解はあまり説得力がない。ポスト・モダン的な理性批判の観点から見るならば、全体としては流血の少なかった政府転覆は、革命の時代を終結させる革命だということになる――つまり、フランス革命の対抗物であり、理性から生まれたテロを、恐怖政治抜きにその根において克服するものだとされる。理性の輾転反側によって生まれた悪夢からはこの二〇〇〇年間というもの、さまざまなデーモンが立ち上がってきたが、この夢は見果てぬ夢であり、今や夢から覚めたのである。理性が目覚めたのではない――理性自身が悪夢であって、夢から醒めるとともに理性は跡形もなく消えうせるのだ、とされる。ここにあるのは、ニーチェとハイデガーによって観念的なかたちで吹き込まれた歴史の図式である。つまり、近代というのはもっぱら、自己自身に全権を付与する主観性の影に服しているとするものであるが、この場合でももちろんのこと、事実の方がこの歴史の図式にそぐわなくなっている。というのも、やり直し、取り返すこの革命がその手段と基準を受け取っているのは、近代のさまざまな革命につきものの有名なレパートリーのなかからなのだ。完全武装した政権を打倒したのは、広場に集まり、街頭に結集した大衆の存在なのだ。多くの革命理論家たちのモデルとなった、こうした自然発生的な大衆的決起は、もはや死滅したものと思われていたが、実際にはそれが起きたのだ。もちろんこうした大衆的決起が、どんなところにも待ち受けている電波メディアによって作られた世界的規模の劇場で、しかも、そこには自らも参加し、特定の側を応援する観客がいる劇場《アレーナ》という、もはや古典的革命の場ではない空間で起きたのは、今回がはじめてである。しかもさらには、そのときの革命的な要求の力の源は、国民主権及び基本的人権という理性法による正当性なのである。そういう事態であるから、実際には歴史が加速化されているのであり、それは、歴史の静止・終了(stillgestellte Posthistoire)というイメージを打ち消している。またこの加速化した歴史は、ポスト・モダン論が描くような、あらゆる正当性から切り離され、普遍的に広がり、結晶のように固く硬直化した官僚制というパノラマも、打ち消してしまった。むしろ、官僚的社会主義の革命的崩壊によって打ち出されているのは、近代《モデルネ》の拡大なのである。西の精神が東を捉え込んだのだ。しかも、技術文明によってだけではなく、西の民主主義的伝統によって。

第二の解釈である反共主義的な観点から見るならば、東欧における革命的変革は、一九一七年にボルシェヴィキによって始められた世界内戦(Weltbürgerkrieg)に最終的に勝利したことを意味する。つまり、ここでも、それ自身の起源に刃を向けた革命ということになる。〈世界内戦〉という表現は、〈国際的階級闘争〉という表現を、社会理論の言語からホッブズ的な権力理論の言語に翻訳したものである。こうした物の考え方にカール・シュミットは、歴史哲学的な背景を付与した。それによれば、フランス革命とともに自ら支配の座についた歴史哲学的な思考は、その普遍主義的道徳への志向というユートピア的な起爆剤を通じて、知的エリートに煽りたてられ、ついには内面から外面へと反転して国際的舞台に投影される世界内戦の動発力となったというのである。こうした方向の考え方は、東西対立が始まった頃に拡張されて世界内戦の理論へと纏められた(3)。元来はレーニン主義を暴露する意図で作られたこの理論は、レーニン主義を鏡に映し左右が逆になった像として、このレーニン主義にとらわれたままである。しかし、エルンスト・ノルテ〔歴史家論争でハーバーマスの標的の一人〕のような専門の歴史家――彼は今やこの世界内戦の終結というテーゼを宣言しているのだが〔『フランクフルター・アルゲマイネ』紙、一九九〇年二月一七日〕――の議論でさえも、こうしたイデオロギー的な見方を不可能にしているのは、歴史的事実である。というのも、世界内戦の交戦当事者をあまりに典型化するために、非常に違ったもの同士をひとしなみに扱わなければならなくなってしまうからである。例えばムッソリーニとヒトラー、チャーチルとルーズベルト、ケネディとレーガンにそれぞれ体現された異なった政治を同じ反共産主義というひとつの枠のなかにはめざるをえなくなってしまう。世界内戦という捉え方は、冷戦が激しかった時に由来する状況解釈を、構造記述へと固定化しているだけである。そして、そうした構造記述は論争的な色合いに染め上げられて、一時代全体を覆うことになったのである。

残るのは、自由主義的な解釈である。この解釈は、国家社会主義の解体とともにヨーロッパにおける全体主義的支配の最後の形態の解体が開始されたことをとりあえずは確認しているだけである。ファシズムに始まったひとつの時代が終わったというわけである。民主主義的法治国家、市場経済、そして社会的多元主義によって自由主義的な秩序の想念が実現したというわけである。それによって、イデオロギーの終焉という早すぎた予言が、ようやくそのとおりになったかのようにみえる(『ツァイト』紙、一九八九年一二月二九日のダニエル・ベルとラルフ・ダーレンドルフ)。この解釈を主張するためには、無理に全体主義理論を信奉する必要は必ずしもない。そうしなくても、権威主義的支配、ファシズム的支配、ナチス的支配、スターリニズム的支配、ポスト・スターリニズム的支配といった構造史的な区分をつけ、それぞれに明確なアクセントを付与することができる。とはいえ、その場合でも結局は、西側の大衆民主主義の鏡に照らして、さまざまな全体主義的支配にある共通性を認識するのが目的である。今や、こうした全体主義のシンドロームがポルトガルとスペインに続いて、ヨーロッパの官僚的社会主義の国家群においても解体し、同時に政治システムから市場経済が分化・自立したとなると、中欧、東欧にまで近代化の波が押し寄せてきたのだと見るテーゼが出てくるのは、よくわかるところである。こうした自由主義的な解釈は間違ってはいない。ただし、この解釈は批判に急なあまり、自分の大きな欠点を見ていない。

というのも、この解釈の中でも勝ち誇った調子のものは、『共産党宣言』の最初の章から引いたかの感さえあるからである。この章でマルクスとエンゲルスは、市民階級の革命的役割を高らかにうたいあげている。「ブルジョアジーは、あらゆる生産手段の急速な改良を通じて、またコミュニケーションを限りなく容易にすることを通じて、すべての国民を、もっとも野蛮な諸国民までをも、文明の中へと引き込んでしまう。彼らの商品の安さこそは、万里の長城全部をも薙ぎ倒す巨大な大砲であり、野蛮人の最も根強い外国人への憎悪をすら降伏させるほどの強制力をもっている。ブルジョアジーは、すべての国民に対して、もし滅びたくないのならばブルジョアジーの生産様式を手に入れるように強要する。ブルジョアジーはすべての国民を強要して、いわゆる文明を自分たちのもとでも導入するようにさせてしまう。つまり、自らブルジョアジーになるようにさせてしまう。一言で言えば、ブルジョアジーは、世界を自分の姿にあわせて創造してしまうのだ」。「物質的生産において起きることが、精神的生産面でも同じように起きる。個々の国民の精神的所産は、共通の財産となる。一国民の偏りや限界はしだいにあり得ないものとなる。そして多くの国民文学、地方文学から世界文学が形成されてくる(4)」。ドイツ商工会の最近のアンケート調査への資本家たちの〔東側への〕投資意欲に溢れた回答や、それと似たような経済解説などに漂う雰囲気を描写するのに、この『共産党宣言』の文章に優るものはないほどである。ただ、この引用の中で「いわゆる」文明というかたちで形容詞による限定をつけているところには、マルクスとエンゲルスの留保が窺いしれる。もちろんのことマルクスにおける留保は、文明にたいして優越するとされた文化を守るといったドイツ的な留保ではない。むしろ、ここにあるのは、文明が全体として自らのサブシステムのひとつ、つまり、ダイナミズムに溢れ、今日の表現で言えば、還帰的に閉じた経済システムがもつ動力の渦巻に引き込まれてもいいのだろうか、という深い懐疑の念である。この経済システムがよく機能し、自己自身を安定させうるかどうかは、それがすべての重要な情報をもっぱら経済的価値という言語で受容し、消化しているかどうかにかかっているのだから。マルクスの考えでは、資本の自己増殖という強制命法に服している文明はすべて、破壊の芽を自己自身のうちに宿している。なぜなら、そうした文明は、価格として表現できないすべての重要性に盲目となるからである。

たしかに今日では、マルクスが当時これほど力を込めて祭り上げた拡大の担い手はもはや一八四八年時点のブルジョアジーではないし、一国の枠のなかで支配しているなんらかの社会的階級ではない。担い手は、一目瞭然に特定できるような階級構造とは切り離された経済システム、つまり無名になり、世界中で稼働している経済システムそのものである。そしてこの経済システムのうちで「経済サミット」にまでよじのぼった我々の社会〔複数〕は、もはやエンゲルスがその悲惨をあれほど激しく描きだしたようなイギリスのマンチェスター資本主義には似ていない。というのも、この我々の社会〔複数〕は『共産党宣言』の力強い言葉に対し、またヨーロッパ労働運動のねばり強い闘いに対し、社会国家的妥協をもって答えたからである。しかしながら、投資先を求める資本が国家社会主義によってひからびてしまった市場への進出をめざしている現在の状況を描く最も適切な引用がいよいよおマルクスであるのは、皮肉な事態であり、そのことは、マルクスの抱いた懐疑が、最も進歩した資本主義社会のいわば構造に組み込まれている事態とともに、複雑な感慨をいだかせるものである。

この事実は、「批判としてのマルクシズム(5)」が「現存する社会主義」とともにもはや御用済みになったことを意味しているのだろうか。反共主義の観点から言えば、社会主義の伝統は、理論においても実践においてもはじめから災いをもたらしただけである。自由主義の観点から言えば、社会主義の中で使えるものは、社会民主主義の時代に実現されてしまった。とすれば、東ヨーロッパの国家社会主義の抹消とともに、西欧の左翼がその理論的刺激および規範的展望をそこから汲みだしていた源泉も涸れてしまったということなのだろうか。失望したビーアマン〔一九七六年に東独の市民権を剝奪され西独に移住した、ギターの弾き語り歌手〕の場合には、ユートピアを志向していた感性は今ではメランコリーへと転じてしまっているが、その彼はこの問いに対して弁証法的な返答を出している。「鍬をよこしたまえ。巨大な死骸を葬ろうではないか。キリストだって、よしそろそろいこうぜと、復活の手品を演じる前には、三日間地下に入らねばならなかったんだ！」（『ツァイト』紙、一九九〇年三月二日）。我々としては、ビーアマンとは違って、弁証法の度合いを減らして答えを試みてみよう。

2

我々西側の非共産主義的左翼は、荒布をまとい灰をかぶり〔聖書エステル記のことば〕深く悔いる必要はまったくない。だがまた、なにも起きなかったというような態度をし続けるわけにもいかない。非共産主義的左翼は国家社会主義をたえず批判してきた以上、破産したそれと接触していたではないかなどと責任を押し売りされる必要はない。だが、ある理念がいつまで現実に耐えられるのかどうかという問いは、自らに対して問わねばならない。「現存する社会主義」という言い方はなんともとっつきの悪い冗漫表現であるが、こうした表現を作り出した人々には現実主義的な政治家に固有の反抗心も感じられる。つまり、屋根の上の鳩よりは掌中の雀の方がましで、高望みするよりは、実際に手に入るものを求めた方がよい、という感覚である。だが、そうしながら、屋根の上の鳩は種が違うのだ、そしていつの日にか我々のもとに降りてきてくれるはずだと言いはるだけでいいのだろうか。こういうことを言いはれば、現実主義者の側からは、いくら理想といってもやはり経験的なものとの関連を必要とするはずだ、もしそうでなければ行為に展望を与えてくれる力を失ってしまうはずだ、と言い返されるであろう。この対話は間違った対話であり、こうした対話では理想主義者は負けるだけである。なにが間違っているかと言えば、それは、社会主義とは現実にたいして抽象的に対峙する理念であるという前提であり、また理念である以上、当為の無力さを(そうした理念を現実化しようとする際に人間を侮蔑する結果を生み出したこととは別にしても)思い知らされることになる、といった前提そのものである。たしかにこの社会主義という概念には、個人の自己実現と自律性を、連帯や正義を犠牲にすることなく、いやまさに連帯や正義とともに可能にするような、暴力なき共生という、規範的な直観が結びついていることはまちがいない。しかし、社会主義の伝統においては、この直観は、なんらかの規範的理論を振りかざして宣言したり、頑固な現実に対抗して理想として打ち立てられたりするべきものではないはずだった。むしろ、この直観によって、現実を批判的に観察し分析するためのパースペクティヴが設定されるはずだった。分析の過程で規範的直観は展開されることもあれば、修正されることもあるはずのものだった。そしてこの方法を通じて規範的直観は、現実を解き明かす能力において、また理論的記述がもつ経験的実質に関して、間接的に自らの有効性を証明できるはずのものであった。

この基準に照らしながら西欧マルクシズムのディスクルス(6)において二〇年代以降、徹底した自己批判がなされ、その結果元来の理論の形態のいくらも残らないことになった。実践がその判決を語り続ける一方で、理論においても現実は(二〇世紀の怪物的な現実もであるが)、さまざまな論拠にささえられて自己を主張することになった。ここでは、マルクスとその直接の継承者たちが、初期社会主義に対する彼らのいかなる批判にもかかわらず、初期産業社会の成立のコンテクストに、その小空間的なスケールにいかにとらわれていたか、そうしたことがはっきりしてきたいくつかのアスペクトだけを、思い起こしておきたい。

(a)彼らの分析は、労働社会の地平の枠内で解明されるような現象に執着したままであった。こうしたパラダイムを選択したことによって、実践《プラクシス》についての狭い概念が指導的になってしまい、その結果として、産業労働に、また技術的生産力の発展に、明確な解放的役割がアプリオリにつき纏うことになった。労働力が工場に集約されることによって生じた組織形態がそのまま、生産者たちの連帯的な団結、意識形成、そして革命的行為のためのインフラストラクチャーとなると考えられている。こうした生産主義的なアプローチを取ることによって、視線は、増大する自然支配がもつアンビヴァレンツからも、また社会的労働の外部および内部における社会統合の力からも、それてしまうのである。

(b) さらに彼らの分析は、社会を全体として(holistisch)捉える考え方に拘泥していた。それは、根源においてはひとつの道徳文化としてまとまっていた社会的全体性(Totalität)なるものが階級分裂によって、そして近代の資本主義的経済過程のもつ物象化の暴力によって引き裂かれ、解体されてしまったという考え方である。ヘーゲルのもろもろの基礎的概念において綴られている労働社会のユートピア思考こそが、科学的精神に依拠した政治経済学批判の背景にある基本的な理解に息吹を吹き込んでいるものである。それゆえにこそ、資本の自己増殖過程は全体としてひとつの魔術のように現出するわけである。この魔術は、ひとたびそれが打ち砕かれるならば、その基盤にある即物的な事象へと解消し、それによってこの事象としての基盤そのものは、合理的な管理の可能なものとなるはずであると考えられた。このような考え方をとることによって、彼らの理論は、分化した(ausdifferenziert)市場経済が持つシステム的な独自の動きに対して盲目となっている。この市場経済の操作機能は行政的な計画によって代行することはできないのである。そんなことをすれば、近代社会において達成された複雑な分化の水準(Differenzierungsnieveau)を犠牲に曝すことにならざるをえないからである。

(c)この彼らの分析はまた、コンフリクトおよび社会的行為者を具体主義的に理解する考え方に囚われていた。その点は、社会諸階級および歴史的な大主体というものが社会の生産および再生産の過程の担い手となるだろうと考えていたことに現われているとおりである。ところがこうしたアプローチをすると、複雑な社会においては、社会やさまざまな下位文化や地域的相異などの表層構造と、システムとして分化・自律した(そして介入的な国家行政と相互補完的に絡み合った)経済とのあいだに決して単線的な連関が存在しないという事態が見えてこなくなる。こうした誤りから出てきた国家理論は、どのような補助仮説をいくらつけても救うことはできないものとなっている。

(d)こうした欠陥よりも実際にもっと重大な結果をもたらしたのは、民主主義的法治国家についての狭い、機能主義的な理解である。マルクスはこの民主主義的法治国家の実現を第三共和制のうちに見て、それを軽蔑的に「通俗民主主義」と呼んでかたづけてしまった。マルクスは民主主義的共和制を市民社会の最後の国家形態とみなし、その土台の上で「階級闘争が最終的に戦われる」としたために、この国家のもろもろの制度に対して純粋に道具的な理解を保持し続けることになったのである。たしかにマルクスが共産主義社会こそ民主主義の唯一可能な実現形態であると見ていたことは、「ゴータ綱領批判」からはっきりと浮かび上がってきているし、また、ヘーゲルの国法批判〔いわゆる「ヘーゲル法哲学批判」〕にも言われていたとおり、「ゴータ綱領批判」でも、「社会の上位にある組織〔器官〕としての国家を、社会に完全に服属した組織〔器官〕に変貌させる」ところにのみ自由があると述べられている。だが、マルクスはこうした自由の制度化については一言も発することはできなかった。制度に関する彼の想像力は、「過渡期」のためのプロレタリアート独裁以上のものを提出できなかった。「物件の管理」というサン・シモニズム的な幻想が彼にはあった。したがって彼にあっては、民主主義的な規則にしたがってコンフリクトの当事者が論争しあう必要性が生じているのに、そうした必要性を減少させることになってしまった。そのために民主主義的な規則による紛争解決の必要性は、ルソー的な意味での民衆による自然発生的な自己組織に委ねられるようなかたちになってしまうのだ。

(e)最後になるが、マルクスたちの分析は、哲学の伝統がもつ非＝可謬主義的な認識要求と新たな歴史思考とをつなげるという、あのヘーゲルの理論戦略の回路にとどまっている。だが、本質認識を歴史化したからといって、それは、目的論を存在の次元から歴史の次元へとずらしただけである。進化主義的な進歩史観という自然主義的形態のうちにも、歴史哲学的想念のもつひそかな規範主義が残存している。このひそかな規範主義は、理論そのものの規範的根拠が解明されていないという点で、厄介な帰結をもたらしただけではない。第一にこうした理論は(その固有の内容とは別に)偶発性が生きる余地を与えない。理論に導かれた実践ならば、どんなものであろうとこうした偶発性の働く余地があるところで動かざるをえないのにである。こうした理論は、行為の帰結に責任を負わなければならない者たちからリスク感覚を吸い取ってしまう。そのためにさらに彼らに、自分たちこそ前衛であるという怪しげな意識を煽ってしまうことになる。第二に、このようなかたちの全体性認識は、ある生活形式が全体として疎外されているか、誤っていないかといった、生活形式の質の問題に関する臨床的発言ができると、信じ込んでいる。社会主義こそ具体的な道徳文化として歴史のなかで特権的な位置を持った生活形態であるとする傾きが生じてくるのも、こうした思い込みから説明できる。ところが、理論というのは精一杯のところでも解放された生活形式についての必要条件を挙げることができるだけであって、その具体的な形態については当事者たちが自分たちで了解し合わねばならないものなのだ。

(f)こうした欠陥や誤謬はマルクスとエンゲルスからカウツキーにいたるまで多かれ少なかれ認められるものであるが、これらを以上のように通覧してみると、なぜマルクシズムが、スターリンの確立した形態においてまったく非人間的な実践を正当化するイデオロギーにまで頽落しえたかがよりよく理解できる。ついでに言えば、この非人間的な実践のことをビーアマンは、「生きた人間に対する大規模な動物実験」という言い方をしている。もちろんのこと、レーニンが理論的に推し進め、実践において開始したソビエト・マルクス主義への歩みが、マルクスの学説から正当に導きだせるものでないことは、わかりきったことである。[7] しかし、我々が(a)から(e)までに見たような弱点はやはり、元来の意図の乱用、いやその完全なる倒錯にいたる条件(もちろん必要条件でも十分条件でもないが)に属することはまちがいない。

それに対して社会民主主義的な改革論は、カール・レンナーやオットー・バウアーなどのオーストロマルクス主義者からも重要な刺激を受けつつ、早くから全体重視的な(holistisch)社会論から訣別している。また、システムとして市場が固有の動きをすることを認めない頑迷な態度からも、そして階級構造や階級闘争についてのドグマ的な考え方からも離れているし、さらには、民主主義的法治国家の規範的内実に対する誤った態度や、進化主義的な暗黙の前提にも別れを告げていた。しかし、日常政治における自己理解に関しては社会民主主義は、ごく最近にいたるまで労働社会の生産主義的なパラダイムによって規定され続けてきた。第二次世界大戦の後に社会民主党はプラグマティックになり、理論から切り離された改革政党となることによって、社会国家的妥協を貫徹するという点で、反論の余地のない成果を収めている。この社会国家的妥協は社会の諸構造にいたるまで深く浸透している。この浸透の度合いの深さは、急進左翼によっていつも過小評価されてきたものである。

だがまた、社会民主党は、国家権力というものがシステムとして自立しているその独立性の強固さに驚かされることになった。これまで社会民主主義としてはこの国家権力を中立的な道具のように使って、社会国家による市民権の普遍化を貫徹できると思ってきたのである。幻想であることがはっきりしたのは、社会国家そのものではない。そうではなく、行政的手段を用いて解放された生活形式を実現できる、という期待が幻想だったのだ。ついでに言えば、国家の介入によって社会的平和を作り出そうとするこのビジネスを通じて、自己膨張する国家機構に次第に呑み込まれてしまったという点では、どの政党もおなじである。このようにどの政党も国家に呑み込まれてしまうという意味での国有化を通じて、民主的意思形成そのものが、ほとんどが自己プログラミング化されてしまっている政治システムへと場を移してしまった。この点は、国家保安省や一党独裁から解放された東ドイツの市民たちが、西側の選挙マネージャーによって演出された最近の選挙戦を通じて驚きをもって受け止めた事態である。西側方式の大衆民主主義は、正当化プロセスの操作といった調子を色濃く帯びることになってしまっている。

こうして社会民主主義はその成功の代償としてふたつの代価を支払うことになった。第一にはラディカルな民主主義を放棄し、第二には、資本主義的成長がもたらす規範的には望ましくない帰結と折合いをつけて生きることを学んだのである――また、労働市場のもつシステム固有のリスク〔失業の発生〕とともに生きることも学んだのである。そのリスクは、社会政策による緩衝装置はあっても、消滅させることはできないリスクである。こうした代償を支払わざるを得なかったために、西ヨーロッパにおいて社会民主党の左側に、非共産主義的左翼が生き続けたのである。この非共産主義的左翼の態度にはさまざまなヴァリエーションがあるが、そのいずれも、社会主義が国家による社会政策以上のことを意味したことを思い起させてくれる。とはいえ、彼らが自主管理社会主義という綱領に固執していることが示しているように、こうした非共産主義的左翼は、全体志向型(holistisch)の社会論と手を切ることが難しい。また、市場から民主制へと生産過程を変換するという想念から離れるのもなかなかうまくいかない。この面では、理論と実践の古典的な関連が最も無傷で保たれてさえいる。だからこそ、理論は一層正統派の後を辿ることになり、他方で実践はセクト主義的にばらばらになっていくのだ。

政治的実践の場合と同じに、理論の伝統もとっくに、制度の複雑な分化に取り込まれている。マルクス主義の研究伝統は、それ以外の研究伝統と並列しつつ、多かれ少なかれ周辺的な存在でありながらも、大学の研究教育の営みの構成要素のひとつになっている。こうしたアカデミズム化は、マルクス主義のとっくに必要になっていた再検討をもたらし、またマルクス主義と他の理論的アプローチとの交錯をも生みだした。マルクスとマクス・ヴェーバーという実り豊かな組み合わせはすでにヴァイマール時代の社会科学の議論を規定していた。それ以来というもの、西欧マルクシズムの自己批判は、主に大学のなかで行われ、学問的論議の濾過を経た多元主義を生みだした。P・ブルデュー、C・カストリアディス、あるいは、A・トゥレーヌ、J・エルスター、あるいは、A・ギデンズ、C・オッフェ、あるいはU・プロイスなどといった興味深い、またそれぞれ逆の方向をとる研究傾向を見ると、マルクスに発する伝統になお備わる刺激的ポテンシャルの活力をいくらかわからせてくれる。この伝統にはいわば立体鏡的な視線が埋め込まれている。その視線は、近代化のプロセスの単なる表層にとらわれ、そこにとどまるのでもなければ、道具的理性という鏡の裏側にのみ向けられているのでもない。そうではなく、この立体鏡的な視線は、社会を刻み込んで畝の筋をつけてゆく合理化のプロセスがもつアンビヴァレンツ(両価性)への感受性を強めてくれるのである。こうした合理化の畝目は、自然的に成長している地面を切り刻みばらばらにしてしまうが、他方で同時に土地をやわらかくもするというアンビヴァレンツへの感受性である。今挙げた多くの人々は、それぞれのやり方で、ヘーゲルの啓蒙の弁証法をどのようにしたら研究プログラムへと翻訳できるかを、マルクスから学んだのである。その際に、私が先に(a)から(e)にかけて列挙した批判的留保は、今日においてマルクス主義の伝統からの問題提起を受け入れうるための共通基盤を作っている。

以上簡単なタッチで描いたことが、現存する社会主義の終末の開始を告げる鐘をゴルバチョフが鳴らし始めた頃に、非＝共産主義的左翼が自分たちについて考えている状況であったとすれば、昨年〔一九八九年〕の秋の劇的な事件は、シーンをどのように変えたのであろうか？　左翼は道徳的立場へと撤退し、社会主義はもう理念としてのみ大切にするというようにしなければならないのだろうか？　この「理想社会主義」なるものを左翼に対して認めてくれているのはエルンスト・ノルテである。彼に言わせれば、これは「修正をもたらし、方向を示してくれる限界概念」であって、「放棄不可能」なものだそうである。だが、ノルテはその際に、当然のことながらすぐ次のようにつけ加えるのを忘れない。「この限界概念を実現しようとするならば、記憶にあるかぎり最悪の〈現存社会主義〉へと退行・堕落する危険を呼び起こすことになる。それは、たとえ当人がどんなに高貴な言葉でスターリニズムに反論しようと変わるものではない」(『フランクフルター・アルゲマイネ』紙、一九九〇年二月一九日)。これはなかなか友好的なご忠告だが、もしこのご忠告に従おうとするならば、社会主義は私的領域でしか意味を持たない規制的理念、政治的実践の彼岸で道徳にあるべき場を指示するだけの規制的理念となり、その力を奪われてしまう。しかし、社会主義の概念に対するこうしたノルテの意図的なずらしよりももっと重大な結果をもたらすのは、社会主義そのものの放棄である。果たして我々はビーアマンとともに、「社会主義はもはや目標ではない」と言わなければならないのだろうか？

たしかに、「パリ草稿」におけるロマン主義的―思弁的な意味での社会主義のことなら、もはや目標ではないと、確実に言える。こうした意味での社会主義によれば、生産手段の私的所有の止揚こそは、「歴史の謎の解決」を意味する。つまり、生産手段の私的所有の止揚は、人間が自己の労働の産物からも、隣人からも、また自己自身からも疎外されていない連帯的な生活状態の創出を意味するとされていた。こうしたロマン主義的な社会主義にとっては、私有財産の止揚こそは、あらゆる人間的な感覚や特性の完全なる解放を意味した――それは自然の真の復活であり、人間の自然主義の完遂であり、さらには、対象化と自律的行為、自由と必然性、個人と類とのあいだの対立葛藤を解消するものであった。だが、我々はこうした融和の哲学に潜むいつわりの全体性思考に対する、例えばソルジェニーツィンによるような最近の批判によってはじめて、こうした考えの誤りに気づかされたわけではない。ロマン主義的社会主義が初期産業化社会というコンテクストのうちに持っていた根っこは、もうとっくに露呈していた。生産者たちの自由なアソシエーションという理念は、農村的・手工業的世界における、家族的で、近隣関係に依拠した、互助団体的な共同社会のあり方へ憧れるさまざまなイメージによって塗り込められていた。こうした農村的・手工業的世界は当時、競争社会の暴力が侵入するとともに破壊され、そうした解体のプロセスにおいてまさに喪失として経験されることになったのである。こうした初期のあり方以来、「社会主義」には、今述べたような、摩耗しきった連帯的共同社会の止揚という理念が結びついている。初期産業化社会の労働条件のもとで、またそこでの人間相互の交際の新しい形式のもとで、沈みゆく世界の社会的統合力が変形され、救いだされねばならない、と考えられていた。社会主義におけるヤーヌス〔双面神〕の二面の双貌は、一方が理想化された過去を指し示すとともに、他方は産業労働の支配する未来を見ていた。だが、後期マルクスは、こうした社会主義の規範的内実については沈黙を守りとおしていたのである。

こうした具体性信仰的な解釈での社会主義はたしかにもはや目標ではないし、いちどとしてそれが、現実的な目標であったことはない。社会の複雑性を考えるとき、我々は、今述べたような一九世紀的な概念構成が身に纏っている規範的な含みに、ラディカルな抽象化を行わねばならない。自然発生的で正当化されていない支配への批判、そして社会的暴力の隠蔽に対する批判を保持し続けようというのであれば、まさにその場合においてこそ、自由で平等な市民からなる社会の、理性的な自己組織化のための諸制度に対する正当な信頼が形成されねばならず、そのためのコミュニケーションの条件というものが、中心的な関心となる。たしかに連帯というものを具体的に経験するのは、なんらかの生活形式のコンテクストにおいてしかありえないであろう。祖先から受け継いだ生活形式、もしくは自分で選んだという意味では批判的に獲得した生活形式、いずれにせよいつでも局部的なものでしかない生活形式のコンテクストにおいてしか連帯の具体的な経験はありえないであろう。だが、巨大な規模で政治的に統合された社会の枠においては、また世界的なコミュニケーション網の地平においてはなおさらのことであるが、連帯的な共生というのは、その理念からしても抽象的な形式においてしかありえないのである。つまり、正当な理由を持ち、間主観的に共有される予期というかたちにおいてしかありえないのである。それは、なんぴとであれ、排除を知らない(inklusiv)意見形成および民主的な意思形成のための制度化された手続きに依拠して、この公共のコミュニケーションのプロセスが、理性的であり、かつ有効であるという、根拠のある推定をしうることを予期することが可能でなければならない、ということである。理性的であるという推定〔もしくは理性性の推定〕は、民主主義の手続きが規範的意味を持っていることに依拠している。つまり、この手続きは、社会的に重要なすべての問題をテーマにしうること、それらを根拠と豊かな着想をもって扱い、

——すべての個人とすべての生活形式の不可侵性を同等に尊重しながら——すべての人々に同等に役立つような問題解決にむけて処理することを保証するはずである。有効である、、、、という推定〔もしくは有効性の推定〕は、システム的に分化・自律し、先端も中心もない社会がどのような意味においてそもそも自己自身を組織しうるか、という唯物論の根本問題に関わっている。しかも、この自己組織というときの「自己」なるものが、もはや階級理論におけるような社会的階級とか、国民主権における国民といったマクロの主体のうちに表象しえないものとなっているからこそ、このような問いとなるのである。

連帯的関係の抽象的把え方について今述べたが、この把え方の要は、コミュニケーション的行為において前提されている相互承認のシンメトリー関係〔複数〕、つまりは社会化された主体の自律性と個人化を可能とする相互承認のシンメトリー関係〔複数〕を、自然発生的な相互行為のもつ具体的共同性から切り離すことであり、さらにはそのシンメトリー関係を相互了解と妥協という反省的な諸形式において普遍化し、法的制度化によって保証する、ということの点にある。そうすると、このように自己組織化する社会の「自己」は、あの主体なきコミュニケーションの諸形式のうちに消失する。つまり、この主体なきコミュニケーションの諸形式は、ディスクルスによって刻印された意見形成および意思形成の流れを整序することによって、可謬的な結論が、理性性の推定をできるようになる。このように間主観性へと解消され、無名なものとなった国民主権は、民主的手続きおよび、その履行に際しての要求度の高いコミュニケーション的前提へと引きさがることになる。(8) こうして国民主権なるものは、法治国家的に制度化された意思形成過程と文化的に動員された公共性〔複数〕とのあいだの相互行為のうちにその場所なき場所を見出すのである。とはいえ、複雑な社会がいつの日か本当に、このように手続き化された国民主権の皮膜によって覆われることがありうるであろうか? あるいはそれとも、間主観的に共有され、コミュニケーション的に構造化されたもろもろの生活世界のネットワークは決定的に引き裂かれてしまっているのだろうか、そしてシステムとして自律化した経済、およびそれとともに、自己自身をプログラミングしていく国家行政を生活世界の地平に引き戻すことはもはやできないのであろうか、どんなに間接的な制御の方途を通じてであれ、もはやできないのであろうか——こうした問題が当然出てくるが、これはもはや理論においては十分に答えることのできない問題であり、それゆえ、実践的・政治的問題へと転換されなければならない問題である。ついでに言えば、この転換の問題は歴史的唯物論における根本問題であった。なんといっても歴史的唯物論は、下部構造と上部構造の関係についての自らの想定を、決して社会的存在についての存在論的陳述として理解していたわけではなかったからである。社会関係が疎外され、暴力へと凝固してしまうことによって、ヒューマンな相互交渉の形式が、身動きできないものになるが、もしそうなってはならないとした場合に、歴史的唯物論は、下部構造と上部構造の関係についての自らの想定を、砕くべき封印へ達する道筋として理解していたのである。

3

こうした志向をどう理解するかについて言えば、我々の眼前で起きた革命的変化がまごうことなく教えてくれていることがある。それは、複雑な社会における再生産というのは、市場を通じて整序される経済の自己制御の論理に手を触れるならば、うまくいかないということである。現代社会は、貨幣メディアを通じて制御される経済システムを分化・独立させるのであり、また同じ次元で行政システムも分化・独立させられるのである。――両者のそれぞれ異なる機能がどのように相互に補完しあいつつ、関連しているかという問題はここでは別にしておくが。いずれにせよ、どちらのシステムも他方のシステムに服属せしめられてはならない。(9) ソ連でなにか予想もしないようなことが起きないかぎりは、〔社会主義の〕民主化という第三の道を通じて国家社会主義の生産関係をこうした条件に合わせることができたであろうか、あるいは無理であったか、ということは、我々が知ることはもうないであろう。だがまた、資本主義的な世界市場の諸条件へ向けての転換がなされるからといって、それは、かつて社会主義がその克服をめざして登場したような、昔の生産関係に回帰することを意味しはしない。そういう考えは、資本主義社会〔複数〕の形態の変化を、特に第二次世界大戦以降の変化を過小評価しようというものである。

今日では、社会のさまざまな構造のうちに確固とした地歩をしめている社会国家的妥協は、我々の北の国々においては、いっさいの政治がそこから出発せねばならぬ基盤となっている。そのことは、社会政策上の目標に関してのコンセンサスに現われているが、このコンセンサスについてC・オッフェは、アイロニカルな言葉で次のようにコメントしたことがある。「現存する社会主義のイメージが陰鬱で、出口のないものになればなるほど、我々は皆〈コミュニスト〉になっていった。つまり、公共の事柄についての配慮や、グローバルな社会において起こりうるかもしれない破局的なとんでもない発展への恐怖感を完全に手離してしまおうとはしないのだから、その意味で〈コミュニスト〉になったのである」(『ツァイト』紙、一九八九年一二月八日)。実際に、我々のシステムに固有のかたちで生み出されたさまざまな問題のどれかひとつでもが、ベルリンの壁の崩壊によって解決されたわけではないのだ。市場経済システムには市場外のコスト、社会的および自然的環境へと転嫁したコストを感じるセンシビリティが欠如している。したがって、我々のもとにあっては、危機的な経済成長の道は依然として国内においては周知の通りの不釣合や周辺化を伴っているし、第三世界においては経済的遅れ、いやそれどころか経済的後退、つまり野蛮な生活環境、文化の収奪、そして飢餓に縁どられているし、なによりも、負担に耐えられなくなった自然サイクルの世界的な危機を同道させている。社会性およびエコロジーの立場からの市場経済の馴致というどこでもよく使われる定式は、資本主義の社会的馴致という社会民主党の目標を誰でも賛成せざるを得ないかたちに一般化したものである。それどころか、エコロジーおよび社会性の立場からの産業社会の改築(Umbau)という変革を目指した表現ですら、緑の党や社会民主党の枠を越えて広く賛同を得ている。今日において論争が燃え上がるのはこの次元においてである。重要なのは、こうした共通の、いずれにせよ表現上では少なくとも強く賛同されている目標をどうやって実現するかのオペレーション化の問題であり、その実現のための時間幅や手段の問題なのである。さらには、市場経済というシステムの固有の独立性に直接介入して、それを損なうようなことをしてはならないが、そのシステムの自己調整のメカニズムに外部から間接的に影響力を行使するのが政治というものであることについても、コンセンサスが存在している。この点に関しては、〔生産手段の〕所有形態をめぐる論争につきまとっていたドグマ性も、意味のないものになってしまった。

だが、このように闘争の場が社会政策的目標の次元から、その実現のオペレーション化の次元に移っているからといって、つまり、適切な政策やその実行の選択のあり方へと移行しているからといって、それは、闘争が根本的な論争〔対決〕であるという性格を失わせるものではない。一方には経済の強制力にしたがう人々、現状を越えることをめざすいっさいの要求に対して制裁の刃を研いでいる人々がいる。他方には、資本主義の生誕に伴う誤り、すなわちシステムの不均衡がもたらす社会的コストを失業という私的な運命に転嫁する事態が除去される[10]までは社会主義という名称にさえ固執する人々、さらには、女性の平等が具体的に達成され、また生活世界の破壊のダイナミズムが、そして自然破壊のダイナミズムが停止される日までは社会主義に固執する人々がいる。こうしたラディカルな改革主義者たちの目から見るならば、経済システムは不可侵の聖域ではなく、むしろテスト・グランドである。また、労働力という商品の特別な性格に配慮する社会国家も、経済システムの負担能力を検証しようというテストから生まれたものである。しかも、経営上の投資決定の合理性なるものでは全く感知することのできない社会的欲求を重視したテストから生まれたものなのである。

だがまた、この社会国家というプロジェクトも時の経過とともに反省的になっている。行政権力というみかけ上は中立的な手段、社会が社会自身に働きかけるために用いるこの手段も、法制化と官僚制化がもたらす副次的影響のゆえに、その無垢さが失われてしまっている。(11) 介入主義的な国家もいまや「社会性の立場から馴致」されなければならなくなっている。権力と、有能な自己抑制のふたつがコンビネーションされることが、資本主義的成長を保護しつつ抑制し、間接的に制御するという政治モードの特徴であるが、こうしたコンビネーションのあり方も今日では、行政が計画中心にならないように、引き下がる必要がある。こうした問題の解決は、自律的な複数の公共性と、貨幣および行政権力によって制御される行為領域とのあいだの、関係のあり方を変化させることのうちにしかありえない。そのために必要な反省のポテンシャルは、対話的に流動化された〔国民〕主権のうちにある。こうした主権は、自由に遊弋する公共のコミュニケーションの主題、根拠、問題解決の提案などを通じて声をあげるのだ。この主権はだがまた、民主主義的に制定されている制度における議決においてはっきりした形態を得なければならない。なぜならば、実際にさまざまな帰結をもたらす決定には責任があり、それは、明確な制度上の帰責能力を要求するからである。対話的に創出された権力は、公の行政機関の評価過程や決定過程の諸前提に対して影響力を与える、しかもなんらの征服欲ももたずに影響力を与えることができ、それによって、攻囲された〔制度の〕要塞に理解できる唯一の言語で、自分たちの規範的要求を認めさせることができるのである。行政権力は根拠と関わるときには〔理屈をつけるだけという〕道具的な関わり方をするが、法治国家的制度に裏打ちされているかぎりは、そうした根拠を無視することができない。この対話的に創出された権力は、そうした根拠のプールを維持するのである。

現代社会は、その必要とする制御能力を三つの資源から得て満たしている。その三つとは、貨幣、権力、そして連帯である。改革志向がラディカルであるかどうかは、もはやキーとなる具体的な要求によって認識することができない。そうではなく、権力の新たな分立を促進しようとする志向があるかどうか、しかもその志向が手続きに照準しているかどうかによってである。つまり、連帯という社会統合の力こそ、広汎に分節化されたさまざまな民主的公共性と制度を通じて、他の二つの力、すなわち貨幣と行政権力に対して自己主張できるものとならねばならない。そうしたことのどういう面が「社会主義的」かといえば、それは、我々が具体的な生活状況で知っている相互承認がもつ要求度の高い諸構造を、排除を知らぬ(inklusiv)意見形成過程および民主的な意思形成過程のもつコミュニケーション上の諸前提を通じて、法および行政によって媒介された社会関係へと転移させるところにある。生活世界の諸領域は、伝来の諸価値や文化的知をさらに伝達し、集団を統合し、成長期にある者たちを社会化することを任としているが、そうした生活世界の諸領域は、常に必ず連帯を必要とする。急進民主主義的な意見形成、意思形成は、コミュニケーション的構造をもった生活領域と、国家や経済との間に境界を引き、その相互交換に影響を与えようとするならば、このコミュニケーション的行為の源泉から養分を汲まねばならない。

もちろんのこと、こうした急進民主主義(12)のさまざまなコンセプトに将来があるかどうかは、我々が問題をどのように感知し、規定するかに、そして、社会的問題のどのような見方が政治的に通用するようになるかにかかっている。もしも、発達した社会の公共の議論の闘技場で、ノイズなるものが、経済と行政の自己安定化というシステムの強制命令を侵害するだけの火急の問題として捉えられるようであれば、そして、こうした経済と行政の問題領域がシステム論的な記述によって最優先されるようになるのであれば、規範的な言語で表現される生活世界の要求は、従属変数としてしか見えなくなってしまう。そうしたならば政治や法の問題は、その規範的実質を剝奪されてしまう。公共の争いの脱道徳化をめぐるこの闘争は、全面的に進行中である。現在ではこの闘争の場はもはや政治や社会についてのテクノクラート的自己理解ではない。社会的複雑性がブラック・ボックスのように見える現状では、システム適合的な対応こそが、方向性を与えてくれるように見えてしまうのだ。しかし実際には、発達した社会が直面するさまざまな大問題は、規範に関して鋭敏になった感知能力なしには、そして公共の議論のテーマを道徳の観点から扱うことなしには、まず解決できないようになっている。

労働社会の古典的な分配闘争は、資本と労働の利害状況を背景としてなされ、両陣営とも脅迫のための潜在的能力を持つ構造になっていた。構造的に不利な側であっても、最後の手段としてのストライキが、つまりは、労働力の組織的な停止、そしてそれにともなう生産過程の中断が用意されていた。今日では状況は変わっている。裕福な社会においては、雇用の場を確保している広汎な多数派と、種々雑多な周辺グループが寄せ集まった少数派が対峙している。この周辺グループの人々は、〔労働組合陣営が持っているような〕制裁のための潜在的能力をもっていない。マージナル化され、権利を享受できず恵まれない立場の人々は、自分たちの利害を貫くためにはせいぜいのところが、選挙にあたって批判票を行使することしかできない――それも、彼らが諦めていないとしての話であり、また、自分たちにかかる負担を、病気、犯罪、あるいは盲目的反抗というかたちで自己破壊的に処理したりしない場合のことである。もしも多数派の市民が、「こうしたセグメントに分割された社会で暮らしていくのでいいのだろうか」、「今のままでは、ホームレスの人々や浮浪者がいることに、また都市のなかにゲットー化した街区があり、荒れ放題の地域があることに眼をつぶっていかねばならないが、そうした状態でいいのだろうか」と自問し、またそうした問いを受け入れないならば、またそうした問いを受け入れる多数派の市民の声というものがないならば、こうした問題にはその迫力が欠如してしまう。たとえ、問題を広く公共の議論のテーマにするだけに終わる程度でも、そのための迫力すらも欠如してしまう。自己修正のダイナミズムというものは、道徳化を抜きには、つまり、規範的観点からなされる利害の普遍化抜きには、進まないのである。

このようなシンメトリーを欠いたパターンは、亡命申請者や多文化社会におけるマイノリティに関して燃え上がるさまざまな争いに見られるだけではない。先進工業社会と発展途上国との関係、また自然的環境世界との関係についても同じパターンが認められる。開発の遅れた諸大陸は脅かしをかけるといっても、その手段は膨大な移住者の波か、核による脅迫という冒険的ゲームか、環境の均衡の世界的な規模での破壊とかいったところである。また自然からの制裁は、時限爆弾のかすかに刻む時計の音としてのみ聞き取れるだけである。このように〔発展途上国も自然も〕無力であるというパターンの結果、長期的にその危険性が増大するような問題にあっては、そのプレッシャーが潜在化して見えなくなりやすいし、問題を先送りしがちな条件を作ってしまい、気がついたときは遅すぎるということになろう。こうした問題は尖鋭化して論じなければならないのだが、それができるのは、主題を道徳化することを通じてだけである。つまり、リベラルな政治文化のなかでの、権力に掌握されていない公共性〔複数〕において、程度に差はあってもディスクルスによって利害の普遍化を図ることを通じてのみである。最近、グライフスヴァルト〔旧東ドイツの町〕の老朽化した原発を閉鎖するための資金を支払ってもよいと皆が同意したのは、その原発の危険がすべての人々に及ぶことに気がついたからだった。自分の利害と他者の利害が絡み合っていることに気づくことが役に立っている。さらにまた、こうした道徳的もしくは倫理的なものの見方は、各人の運命を他のすべての人々のそれと結びつけている、より包括的で、同時に目立たぬ、壊れやすいつながりを捉える目を研ぎ澄ましてくれる。そのつながりは、どんな僻遠の人をも自分の身内と同じにしてしまう力があるものなのだ。

今日のさまざまな大問題はまた別の観点では、古典的な配分闘争を思い出させる面もある。つまり、この配分闘争と同じに、抑制(eindämmen)しながら、同時に大切に護る(hegen)政策が必要となるといった奇妙な様相をもっているからである。こうした政治モードこそ、エンツェンスベルガーが述べているように、現在の革命によってドラマティックにはっきりさせられたように思える。国家社会主義の足元で正当性の基盤が滑り落ちて行く前に、まず最初は国民大衆のなかに潜在的な態度変更が生じたのである。そして地すべりの後は、体制は遺跡同然の様態を呈している。この遺跡もいずれは解体もしくは改築せざるを得ない。成功した革命の事後負担として、装備の縮小および変更(Ab- und Umrüsten)という、自分に立ち戻りながら、同時に援助を求める政治が登場してきた。

装備の縮小および変更という、こうしたメタファーの出てきたそもそもの分野において、ドイツ連邦共和国では八〇年代に似たような現象が生じていた。中距離核ミサイルの配備は上からの押しつけと感じられ、堪忍袋の緒が切れた状況が生じた。自己破壊的な軍備拡張のスパイラルは危険このうえない無意味さそのものであることを国民の多数が、確信することになった。その後レイキャヴィックの首脳会談とともに(国民の反対運動と直線的なつながりがあるなどと言いくるめる気はないが)軍備縮小政策への転換が始まったのだ。ところがこうした文化的価値志向の変化が正当性の剝奪を生み出す動きは、国家社会主義では私的な片隅でいわば水面下で生じたのに対して、西ドイツにあっては、公共の場で堂々と起きたのである。しまいにはドイツ連邦共和国がかつて見たことのない大規模な大衆デモンストレーションを背景としてである。この例はひとつの循環運動をよく分からせてくれる。つまり、潜在的な価値変動があって、それがアクチュアルなきっかけを得ると、公共のコミュニケーションの過程と結びつき、また憲法に定められた民主的な意思形成のパラメータの変化や、軍縮、軍備変更という新しい政策への突破口となり、そうした変化がまた、価値志向の変化をも呼び起こすという循環運動である。

二一世紀の挑戦が西欧の社会に要求する返答は、そのタイプからいってもスケールからいっても、利害の普遍化をはかる、急進民主主義的な意見形成・意思形成を抜きにしては見つかることもなければ、かりに見つかったとしても実行することができないようなものであろう。この戦いの場にこそ、社会主義的左翼はその活躍の場があるし、その政治的役割を見出すであろう。民主主義的法治国家の制度上の枠組が乾ききってしまうのを防ぐような政治的コミュニケーションのための酵素に、この社会主義的左翼はなることができる。非共産主義的左翼が落ちこむ理由はいっさいない。たしかにDDRの知識人の何人かは、西欧左翼が数十年も前から置かれている状況にまずは切り替えなければならないかもしれない。その状況とは、社会主義の理念を、資本主義社会の急進改革的な自己批判へと転換することである。こうした自己批判は、法治国家的および社会国家的な大衆民主主義の諸形態のなかで、その弱点と同時にその強みを発揮してきたのである。国家社会主義が破産したあとでは、この批判こそが、すべてがそこをとおり抜けねばならぬ針の穴なのである。この社会主義が消滅するときがあるとすれば、それは、それが批判する対象が消滅するときである——ひょっとするとそういう日が来るかもしれない。つまり、批判されている社会がみずからのアイデンティティを変え、価格で表現できないすべてのものをその重要性において知覚し、真剣に受け止めることができるようになる日が。人間が自己自身に責めを負っている未成年状態〔カント「啓蒙とはなにか」〕から、そして貶められた生活状況から解放されることへの希望は、その力を失ってはいない。しかし、この希望は可謬主義的な意識によって濾過されている。また、耐えられることのバランスが、めぐりあわせのいい少数の人々にとってだけでも保たれるならば、それだけでも相当なことであるという歴史的経験によって濾過されている。だがなによりも、荒廃した諸大陸においてこのバランスが作り上げられるならば、大変な成果であるという歴史の経験によってである。

原注

（1）倫理とユートピアとユートピア批判に関しては、K・O・アペルの明快な論文を参照のこと。W. Voßkamp (Hg.), *Utopieforschung*, Frankfurt/Main 1985, Bd. 1, S. 325, 355.

（2）K. Griewank, *Der neuzeitliche Revolutionsbegriff*, Frankfurt/Main 1973.

（3）H. Kesting, *Geschichtsphilosophie und Weltbürgerkrieg*, Heidelberg 1959.

（4）K. Marx, F. Engels, *Werke*, Bd. 4, Berlin 1959, S. 466.

（5）これは私が初めてマルクスを体系的に扱った論文（一九六〇年）のタイトルである。J. Habermas, *Theorie und Praxis*, erw. Auflage, Frankfurt/Main 1971, S. 228 ff.

（6）この点を概括している著書としては次のものがある。M. Jay, *Marxism and Totality*, Berkeley 1984.

（7）H. Marcuse, *Die Gesellschaftslehre des sowjetischen Marxismus*, Schriften, Bd. 6, Frankfurt/Main 1989.

（8） J. Habermas, *Volkssouveranität als Verfahren*, in: Forum für Philosophie (Hg.), *Die Ideen von 1789*, Frankfurt/Main 1989, S. 7, 36.

（9） これは私を批判する左派の多くが言うように「現実政治的な譲歩」ではなく、全体論的な構想を超えた社会理論の思考のたどる必然的な帰結である。

（10） 賃金のみに依存しない生活最低保障の構想については次の文献を参照。G. Vobruba (Hg.), *Strukturwandel der Sozialpolitik*, Frankfurt/Main 1990.

（11） J. Habermas, *Die Kritik des Wohlfahrtsstaates*, in: ders., Die Neue Unübersichtlichkeit, Frankfurt/Main 1985, S. 141, 166.

（12） U. Rodel, G. Frankenberg, H. Dubiel, *Die demokratische Frage*, Frankfurt/Main 1989.

ドイツ・マルク・ナショナリズム

――いまいちどドイツ人のアイデンティティについて――

解題　一九八九年一一月九日にベルリンの壁が開いてから一九九〇年三月一八日の旧東ドイツにおけるはじめての自由選挙で保守派が勝利するまでの期間は、いわば歴史の見本みたいな時期であった。というのは、実にさまざまな選択の可能性が、実にさまざまな将来の展望とともに見えては隠れ、消えてはまた現われたからである。実際になされ、その結果をわれわれが知っている選択の陰には、「ありえたかもしれない」別の可能性がたくさん潜んでいた。公共の議論もさまざまに戦わされるとともに、日々の情勢のちょっとした変化が大きく気分に影響もしていた。そうした中で東ドイツの人々に圧倒的な歓呼の声(有名なのはドレスデン訪問)で迎えられたコール首相主導の〈既成事実の政治〉が、九〇年七月の通貨統合、一〇月の統一へ向けて走り出した。それとともに、われわれが今となっては知っているその後のさまざまな問題が時にはひそかに、時には誰の目にも明らかな形で芽生えはじめた。この流れに批判の声を断固として挙げたのは、ハーバーマスとギュンター・グラスであった。グラスはドイツの拡大そのものを恐れたのに対して、ハーバーマスは、統一すべきかどうかに関しての個人的な感想や意見は避けて、政治的な規範性の立場からコール首相の手法と、燃え上がりかねない経済ナショナリズムの可能性を手厳しく批判した。現在の議論から見て重要な点は三点ほど。

規範性に関しては、東ドイツに戦前の州を急いで復活させ、その各州が連邦に加盟するという憲法二三条による方式(これはザールラント州の一九五六年のドイツ帰属——正式には五七年に編入——の時に使われた)では、民主的な国家公民からなる政治共同体の成立にはならないとする見解が表明されている。統一には西の人々も利害がある以上、西の人々の意見も、国民投票で聞くべきであり、その手続きを経てはじめて、単なる利害問題にかかわらず、市民たちの合意による政治共同体ができあがるというのである。そうしないと、どうしても文化、歴史、言語が重視され、ようするにドイツ人が一緒になるのは当たり前という雰囲気になり、結果としてナショナリズムが煽られ、長期にわたる問題を引き起こすと予測されている。今読めば、その後のネオナチによる暴力沙汰や東西ドイツ間の経済格差による文化摩擦を考えざるを得ない。

第二点は、国民国家はすでに通称西ドイツと言われていたドイツ連邦共和国の時代に、ある程度乗り越えられていたという見解に発する、憲法パトリオティズムである。ドイツでは、自らドイツ人と思っている人々とドイツ国家が近似値的にすら重なり合ったことが一度もないだけに、九〇年代以降、日本も含めてなされている国民国家批判というのは、六〇年代後半以降の過去批判のなかでもうとっくに終わっていたところがある。ハーバーマスもそれにもとづいて、一切の帰属性質を知らない憲法共同体による包括だけが、今日の民主主義であると考えている。そこにはアウシュヴィッツ以降は、伝統や文化にも、そしてその罪にも共同体の根拠を求めることはできないという認識がある(例えば、アウシュヴィッツに負の共同性を求めると、それとは無関係な人、例えばアジア出身の人はドイツ国籍の取得の意味がアウシュヴィッツ加害者の子孫と異なってくるので、負のアイデンティティは、憲法に依拠した政治的共同体にはそぐわない)。とはいえ、ハーバーマスが恐れる、実質的な共同体意識、アイデンティティ感覚がその後も根強いこともまちがいない。

第三点は、本論の最後の部分に関するが、ドイツの保守主義の伝統とは別に、初期ロマン派やニーチェの伝統と批判的に切り結ぶことは、当然のことながら、憲法パトリオティズムによって排除されるものではない、ということである。批判的左翼はドイツの伝統をタブー視しているという批判に対する答えであるが、芸術的・美的ディスクルスと政治的民主主義のディスクルスとの共存の可能性をはじめから模索しない、ドイツに根強い伝統が統一で復活することへの厳しい批判が展開されている(日本でも、ロマン派やニーチェを読む人は日常の政治的な議論を軽蔑し、結果として近代をラディカルに批判しながら政治的には無感覚か保守的な立場の人がおおいのは、ドイツのコピーであろうか)。

統一の手続き問題、国民国家問題、美的ディスクルスとの共存の問題を論じる奥底にはナチスの過去に蓋をかぶせる動きがモグラ叩きのようにありとあらゆるチャンスをとらえて出てくることへの警戒心が働いていることはいうまでもない。

本論は当初、「ドイツ・マルク・ナショナリズム」の標題で『ツァイト』紙に短縮版が掲載され、後に論文集『遅ればせの革命』では「いまいちどドイツ人のアイデンティティについて」という表題になっている。当初、『ツァイト』掲載のヴァージョンが雑誌『思想』に訳された経緯もあり、本巻では、テクストとしては論文集のヴァージョンにしたがいながら、「いまいちどドイツ人のアイデンティティについて」というタイトルはサブタイトルの形にして収録した。「ドイツ・マルク・ナショナリズム」という表現は広く使われ、警世の役を相当程度に果たしたことも考えてのことである。

あちら側の民主革命から三カ月、みんなで握手をしあっている——ビジネスマンに生まれ変わってしまった政治家、ドイツ統一の歌い手に生まれ変わってしまった知識人たちが握手をしあっている。ジャーナリズムではギュンター・グラスが公然と弾劾され(*1)、テレビのトークショウでは左翼の経済学教授が出てきただけで、視聴者の中流階級のお品のいい紳士淑女方が暴徒の群と化す。これまでは自分をさいなむだけで余計なテーマにすぎなかったさまざまな問いかけが、いまや正当な問題になってきた。つまり、「ドイツ人のアイデンティティはどうなるのだろうか?」「統一のプロセスは経済問題によって、さめた現実的な路線に誘導されるのだろうか?」。あるいは「ドイツ・マルクはリビドーによって色づけされていて、エモーショナルなまでにその価値を切り上げており、結果として経済ナショナリズム的なメンタリティが共和主義的な意識を押しつぶしてしまうのだろうか?」といった問題である。答えはわからない。しかし、西の諸政党が東のテリトリーに遠征した結果、精神的な意味で戦車の轍が残ってしまった今となっては、(＊2)どうしてもこうしたさまざまな問いが湧き起こってこざるをえない。

小生意気に頬をふくらませた、威丈高なドイツ・マルク・ナショナリズムの花がほころびだしている。これについて皮肉な風刺文を書かないですますのはなかなか難しいことだ。高飛車に切り札を振りかざす連邦首相は、憔悴しきった東の首相〔ドゥメジエール氏〕に向かって、ドイツ民主共和国を買い取るにあたっての条件を告げ知らせ、また通貨政策の面では、彼が強引に作らせた「ドイツ連合」(＊3)の支持者たちをやる気充分にさせようとする。憲法政策の面では、基本法二三条による併合へと路線を転換させ、外交の面では、「戦勝国」という表現に異議を唱え、ポーランドの西側国境線をめぐる問題は未解決であるとしている。ところがシェーンフーバー(＊4)氏の方が、国境線未解決という、このとっくに崩れてしまった法的フィクションをもっとずっと長期間にわたって高く掲げることができることに、コールはようやく気がついた。そこでこの国の右翼急進派の興味を引きそうなテーマのどれかひとつでも、なんとかシェーンフーバー氏から取り上げて自分のものにしようとした。それが、ポーランドとのいわゆる「賠償問題」である——いったい賠償とはなんのことかはどうでもいいようだ。株式相場に支えられたコールのナショナリズムは破廉恥にも、すべてを冷徹に計算し比べようというのだ。つまり、左辺には、強制徴用されたポーランド人労働者が持つ、歴史的に根拠のある道徳的な損害賠償請求権と、現在の国境線の維持についての隣国の同じく歴史的に根拠のある要求がある。それに対抗してコールが右辺の計算項として掲げるのは、自分たちが金融政策上どれだけの自由な幅を持ちうるかであり、また世界第三位の工業国の手元流動性である。この国家は、コメコン〔経済相互援助会議。東側の経済協力機構〕内の上位の工業国をいままさに併合しようとしており、その取り引きにそなえて自分の力を蓄えておくことが肝要というのだ。どんなテーマについても、計算基準はただひとつというわけだ。ドイツの利害はドイツ・マルクで計量され、ドイツ・マルクを使って貫徹されることになる。もちろん、かつての急降下爆撃機に比べれば、このドイツ・マルクというコードはまだましかもしれない。だが、いずれにせよ、ドイツが力を誇示する光景は、猥褻ですらある。

1

どうしてこんなことになったかを理解するためには、当時におけるドイツ連邦共和国の内部の状態を思い起こす必要がある。当時というのは、ドイツ連邦共和国がハンガリーの国境を越えて東ドイツの人々が脱出してくるその流れに、そしてそれへの東側の反応である壁の開放に驚かされた――若い人たちのよく使う表現で言えば、まさにギョッとさせられたのだし、そのことは認めようではないか――頃のことである。どんなレトリックを使おうとも、当時、ドイツ再統一などということを予想していた者はいないはずであるし、大体からしてそんなことを望んでいた者がはたしていただろうか。いずれにせよ、一九八四年にヴィリー・ブラントは、「ドイツ問題はもはや未解決の問題ではない」と主張したのだが、そのときの聴衆は彼の発言に満足していた。会場の外の広く一般の雰囲気も、会場となった〔ミュンヘンの〕劇場にいた聴衆とそれほど変わらなかったはずである。

一九六〇年にカール・ヤスパースは、次のように明確に発言している。「ドイツ国民国家の歴史は終った。我々が大きな国民として……できることは、世界の状況に対する認識である。つまり、今日では国民国家の思想はヨーロッパ及びすべての大陸にとって禍でしかないという認識である(1)」。この彼の信仰告白を支持したのは、リベラルな、もしくは左翼的な知識人たちだけではかならずしもなかった。ヴォルフガング・モムゼンは一九八三年に出た論文のなかでドイツ連邦共和国における「ドイツ人のナショナル・アイデンティティの変遷」について非常にきめこまかな記述を行っているが、そのなかにはおよそ次のように記されている。第一世代の政治家たち、つまりいわゆる「基本法の産みの親たち」は、ヴァイマール共和国の国民国家的な伝統、つまりは小ドイツ主義的なビスマルク帝国の伝統をそのまま継続できるし、そのことにあまり深刻な問題を見ないですむと考えていた。それに対して、五〇年代、六〇年代になると、広く国民の間にどちらかというとプラグマチックな自己理解が生まれ、その結果としてナショナル・アイデンティティの問題は後景に退いてしまった、というのだ。

モムゼンに言わせると、このプラグマチックな自己理解を規定しているのは次の四つの要素である。第一は、最近の過去〔ナチスのこと〕をテーマからはずし、自己の立場をどちらかと言えば非歴史的に定義したことである。第二は、東ヨーロッパの体制、とくにDDR〔ドイツ民主共和国〕と自分たちのあいだに攻撃的な調子で一線を画したことである。つまりは、歴史的に根の深い反共的態度のシンドロームをそのまま継続したことである。第三は、西側文明の体するもろもろの価値や交際形式、特に「保護供与国」としてのアメリカのそれに倣ったことであり、第四は自分たちの経済的成果への自信を強めたことである。この最後の要素、つまり、経済的に成功した国民であるという自信こそ、ドイツ連邦共和国の国民の政治的な自己理解の核であると、モムゼンは推定している。そしてそれは同時にまた、いぜんとして存在しない民族的な誇りの代替物であるとも。

このことから説明がつくのは、憲法および法治国家的民主主義の諸制度が広く国民の間に受け入れられているとしても、それは本当のところ規範的な確信に根ざしているのではない、ということである。「ドイツ連邦共和国の市民たちのあいだでは、議会制度の意味を、なによりも、社会的諸関係の連続的な進歩・発展のための民主的な枠組みとして見ようとはしない傾向が強い。むしろ、憲法に依拠する体制を社会秩序そのものといわば同一化して見ようとしがちである」(2)。

さらにモムゼンは七〇年代に出てきた議論、つまり連邦共和国〔民〕としての国民意識なのか、ドイツ〔人〕全体としての国民意識なのかという対立項をめぐる議論にも触れてはいるが、最終的には驚くほどはっきりしたまとめを述べている。「私の完全な思いちがいでなければ、ドイツ問題の歴史は今日では、その正常な状態に立ち戻っている。……つまりヨーロッパの中央部にドイツ人からなる文化国民が存在するという状態、そしてこの文化国民がいくつかの国家の国民に分かれているという状態に立ち戻っている。すべての様子を見ていると、一八七一年から一九三三年の強力な統一国家が存在した時期というのは、ドイツ史のエピソードであり、現在の我々が到達している状態は一八一五年の後の状態、すなわちドイツ人のいくつかの国家があって、それが共通の文化国民としての共属感を持っているという状態——もちろん一八一五年直後より高い次元においてであるが——ではないかと思われる」(3)。

一九八三年のこの明確な意思表示によって、今日から振り返ってみるならば、モムゼンは、連邦共和国という国家公民(Staatsbürgernation)に向けられた憲法パトリオティズム(*5)〔憲法愛国心〕を求めて闘う党派の列に属することになる。というのも、六〇年代末以降は、先に挙げた四つの要素のうち、最後の経済的な成功による自信を除いた三つは、問題視されるようになったからである。それまではナチスの過去は一般論として非難されながらも、問題としては大幅に括弧にいれられていたのが、学生たちの抗議行動の結果として、そうした臭いものに蓋ということはできなくなった〔第一の要素に関して〕。また東方条約は〔東ドイツの承認とともに〕、そしてまた緊張緩和政策の当初の成功は、この国にもともと根強い共産主義反対の空気を、少なくとも揺り動かすことになった〔第二の要素に関して〕。また、ベトナム戦争、ECの強化、そしてヨーロッパとアメリカのあいだの利害の相違感けアメリカとの距離を増大させた〔第三の要素に関して〕。それ以来というもの、「ナショナル・アイデンティティ」は、公共の議論のテーマとなってきた。「ふたつの国家、ひとつの国民〔ネーション〕」というキャッチフレーズのもとに習慣化してきたリベラルなコンセンサスをいまやはっきりと自覚し、緑の人々の幅広いスペクトルの端の方に出てきている左翼ナショナリズムに対して、同時に、そしてなによりも新保守主義者たちに対抗して、このコンセンサスを守る必要が生じてきた。

これら新保守主義者たちは、経済危機のなかで、また安全保障をめぐる議論が沸騰する雰囲気のなかで、政治体制の正当性が薄弱になってきたと推測し、それは「歴史の喪失」が原因であり、ナショナルな自信の欠如に由来すると論じた。こうして新保守主義者たちは、なんらかの補償をしてくれる〈意味の創造〉をめざしたのだが、もちろんそうした試み(＊6)にはさまざまに違った色合いがあった。彼らが宣伝する「国民(ネーション)への回帰」なるものが、ドイツ連邦共和国のアイデンティティをめざすものなのか、あるいはドイツ全体のそれを志向しているのかで、当然色合いは違ってくる。そこでは、「祖国はドイツ連邦共和国」という考え方は少数派であった。

こうしたいくつかの新たな方向は、先の四つの要素のなかでただひとつだけ無傷で残った要素、つまり、自分たちの共和国の復興した経済力への誇りを支えとすることもできたかもしれない。社会民主党が一時期もちだした「モデル国家ドイツ」(＊7)は、多少ともそうした色合いをもっていた。しかし、これといえども選挙戦略的な意味以上のものは持ちえなかった。それに対して伝統的な愛国主義を新たに興そうとする試みは、それが右からのものであれ、左からのものであれ、全ドイツ国民のアイデンティティに依拠せざるをえなかった。それゆえに、ドイツ連邦共和国だけにあてはまる経済ナショナリズムの価値を根拠にして〔全ドイツ的な〕自己理解の基盤を作ることはできなかったわけである。これとは別に、ドイツ連邦共和国としての憲法パトリオティズムを擁護しようとする陣営は、一九四九年に成立した国家公民からなる国民(Staatsbürgernation)が体する規範的な価値への同意を強調することに、すべてを賭ける以外になかった。そうすることによって、歴史的な運命共同体としての民族(Volk)とか、言語共同体もしくは文化共同体としての国民(Nation)とか、あるいはさきほど取り上げた、実績共同体としての社会保障システムもしくは経済システムといった価値評価からの区別をはかったのだ。民族、国民、社会保障システムもしくは経済システムなどは所詮は政治以前の所与にすぎないからである。

この点に関して、H・ホノルカは一九八七年の時点で使える世論調査データを駆使して、実際に連邦共和国の市民のメンタリティが、こうした政治以前の所与から離れる方向に動いてきたことを裏づけている。例えば七〇年代に入る頃までは、経済的誇りは世論調査において増大していたが、最近の調査では、それをしのいで民主主義を高く評価する声が上回るようになっている。「アメリカの政治学者ガブリエル・A・アーモンドとシドニー・ヴェルバによる政治文化についての一九五九年の有名な国際比較調査によれば、西ドイツ国民の誇りは、当時ではまだ民族共同体とか経済システムに依拠する方が優勢であった。これと反対に、その頃でもアメリカやイギリスのような他の西側諸国民はその政治的アイデンティティを、なによりも政治的な諸制度を通じて確立していた。だが、その後ドイツ連邦共和国の市民たちも、ナショナル・アイデンティティのあり方については、こうした西側の通常タイプに近づいている。政治体制のいくつかのメルクマールを誇りに思う気持が順位をずっと上げてきている」[4]。たしかにドイツ人の国民的誇りなるものは他の国民と比べると弱いというデータはあるが、これは今のことと矛盾するものでは決してない。そして、八〇年代を通じては、前回の社会学会でM・R・レプジウスが講演で強調した次のような見解のとおりだと思わせる実際の経験が確実に増大している。

「政治秩序が憲法によって具体化された形態を取り、その秩序は個人の参加権によってみずから規定され、正当化されるという、そうした政治秩序の考え方を受け入れるようになったことに、連邦共和国の政治文化が本質的に変わってきた事態が見られる。それに対して、政治秩序はエスニックな、または歴史的な、あるいは文化的な特性によって限定された〈運命共同体〉としての国民〈ネーション〉の集団的な独自の価値と結びついている、といった想念は色褪せてきた。〈憲法パトリオティズム〉の析出、自己決定権によってできあっている政治秩序への賛同、しかもそうした政治秩序は、エスニックな、または文化的な、なんらかの集団的な〈運命共同体〉といった秩序理念とは違うものであるという意識、これらこそが、ドイツ・ナショナリズムが正当性を失ったことを示す中心的な成果である」[5]。

こうした発言には、西ドイツの戦後知識人の一世代全体の満足感が暗々裡に示されている。しかも、これは壁が開くわずか一年前の言葉である。ところが、開放とともに「大ドイツ帝国」につらなる三つの後継国家のうちの二つが統一される展望が突然に生じてきた。この統一への展望とともにドイツ連邦共和国は、その市民たちがもう克服したと思っていた国民国家的な過去へとまた投げ戻されてしまうのだろうか？　実は、つい最近でも、ドイツ連邦共和国は「ポスト国民国家的な政治的共同体である」と述べたレプジウスの発言は、我々の多くの賛同をえていたのにである。

こうした問題がどのように決せられるかは、国家統一のプロセスがどのように振り付けられるかによっている。ようするに西側、東側で感情がどのように動員されるかにかかっている。つまり、全ドイツというパースペクティヴから見ると、ドイツ連邦共和国の経済的自信という、これまではナショナル・アイデンティティから外されていた要素があったところが現在の事態になってみると、それをナショナル・アイデンティティに組み込むのを妨げていた障害が取れたことになる。東西ドイツの通貨同盟をにらみつつ、いまや全ドイツ人が、この拡大ドイツ・マルク帝国のもつポテンツと自己自身を同一化できるのだ。「ドイツ連合」はこの〔ナショナリズム的な〕心情の休耕地をもう新たに開発してしまったように思える。経済的優勢による増長心からナショナリズムの花が芽を吹きだしている。

古典的な帝国主義は類似の感情を別の方法で回路化していた。当時は征服による領土獲得と軍事的保護を通じて、自国の産業のための市場開拓がめざされていた。それに対して、現在の世界経済という、相互に依存し合い、国境を知らない敏感な網の目の中では、市場での力が、そのままナショナルな気分を高揚させる契機になっている。新しい経済ナショナリズムにおいては、かつての戦闘的な表情は、開発援助派遣員の友好的で見下すような、正直者の物腰と交換されることになろう。それによってまた、新保守主義者たちが言う補償という考えも、時代遅れで必要のないものとなる。というのも国民意識を〔歴史による補償によって〕革新しても、それはもはや、資本主義的近代化に対して、たとえそこにどのような社会国家的な緩衝装置がついていようとも、その重圧を補償する役割を果たすことはない。むしろ強いドイツ・マルクのうちにその象徴的表現を見出すような国民意識は、醒めた利害の声よりもずっと大きい声をあげ、疑い深いはずの経済市民自身の言葉を使って、彼らが集団的ながんばりと節約の気持ちに傾くように仕向けてしまうのである。

2

以上は再統一されてからのドイツ人におけるアイデンティティの変貌についての若干の予想だが、現在の状況においてはこうした変貌が起きる可能性が出てきている。もちろん私は、誰かがこのようなタイプの経済ナショナリズムをめざして動いているなどというつもりはない。しかし、当初に揺れ動いたあとで、首相府が明確な狙いを持って追求しているドイツ統一政策は、このようなメンタリティの変化に応じたものである。

すでにコール首相の一〇項目提案にしてからが、国民国家的統一への道を早く進みたいというある種の苛立ちを感じさせる。——それは提案の内容によるというよりも、このやり方をした場合の各段階がオペレーション化されているという事情による。しかし、一一月九日直後の数週間のレトリックはまだ、ドイツ問題の真にヨーロッパ全体での解決と、自分たちの政治的単独行動という二項対立のなかで、どちらにも決めていなかった。厳密に言うと、この二項対立は曖昧にできている。ヨーロッパ全体での解決というのは、空虚な表現であって、誰もが自分の好みにあわせて中味を盛ることができた。あの最初の数週間は、ヨーロッパの隣国や両大国のみならず、東ドイツの野党のスポークスマンたちも、そして西ドイツ住民の大多数も、統一のプロセスを長期的なパースペクティヴで考えていた。つまり、その観点からはヨーロッパ統一がいわば手続き的にもおのずから優先されるようなものとして考えていた。いずれにせよ、東ドイツの国家的自立性を——国家連合ができたのちも——守り、その結果として経済的適応という困難なプロセスもヨーロッパの屋根の下で行われうるような時代をめざして、実効のある歩みをしていくというオプションがあるように思えた。

ＥＣが重要な役割を果たすことを想定したこのシナリオで、私に興味があるのは、体制変革の過程にある中欧、東欧のすべての国々へヨーロッパ全体が協力して経済援助を行うならば、ドイツ連邦共和国が、しこりを残さない形で先導的な役割を果たしえたかもしれない点である。現在は、ドイツ人同胞だけを、憲法上の方策を使うことによって、またあまりに急速に通貨同盟に走ることによって「せーの」と掛け声よく自分たちのボートに引き上げようとしているが、もしも先のシナリオが実現したとするならば、そんなことをするかわりに、ドイツ連邦共和国はＥＣ内部で最も力がある以上、すべてのヨーロッパ人が連帯するべきことを、そして中欧および東欧の隣人たちすべてに対して西ヨーロッパが歴史的な理由から義務を持っているはずであることを、訴えかけることができたはずである。しかもそうしたことと別に、両ドイツ間にあるドイツ連邦共和国の義務をも果たせたはずである。つまり、東ドイツのインフラストラクチャーの整備のために(これまで拒否してきた)(＊8)資本供与によって尽くすこともできたはずである。こうした考え方は歴史的仮定法であり、規範性に関する反論を浴びないオプションがどんなものであったろうか、ということを思い出させるためでしかないことはたしかである。しかし、もしもこうした政治を選んでいたとしたら、同じような状況にある東側諸国の市民たちと比べて我々の東ドイツの同胞が優先されるのは、同じ国民(ネーション)が異なる国家に所属する場合に当然と思われる程度においてだけであったろう――あるいは他の国民がそれは当然だとして理解してくれる程度にすませていたであろう。生活水準の格差ラインをエルベ河からオーデル・ナイセ河に移すだけでは、遅れている隣の諸国が統一ドイツのナショナリズムを云々するであろうことは、政治的賢さがあればわかるはずである。このヨーロッパ全体での解決という別の選択はさらにまた、上から見下しつつ世話しているのではないとか、他国のことには介入する気はないという、政治的レトリックを口先だけでなく、本気で実践することができたであろうという点でも、選択に価した。実際には、東ドイツの人々に、一息つく余裕も与えなかったし、彼ら自身の自前の政治的公共圏の成立を待つ猶予も与えなかった以上、最初の自由選挙は、「DDRの分捕りをめぐってのドイツ連邦共和国の政党同士の戦い」(『南ドイツ新聞』一九九〇年三月八日のH・ルドルフのコメント)へと堕落してしまった。

　ドレスデン訪問のあとで首相は、露骨に東ドイツの不安定化をはかりつつ、早急に併合するという二重戦略を決意したのである。それによってドイツ連邦共和国が手続き全体の主人公になるためである。また、国際関係上の摩擦や抵抗に早手回しに対応するためでもあった。EC諸国間での分担金の再配分をめぐるやっかいな交渉、さらには変わってしまった安全保障体制についての、また平和条約並みの取り決めに関しての同じくやっかいな交渉に入るにあたって、連邦政府が、実際に果たされた経済的および政治的併合という既成事実の強みに依拠しようとしたことは、明々白々である。そこで連邦政府は統一のテンポを上げるように促し、そのために西への移住者の数を効果的に喧伝したのである。実際には彼ら移住者の動機にどのように働きかけたらいいかは誰も分からなかったのだが。他方で、併合——ということはドイツ連邦共和国の掲げる条件に基づいた統一のことであるが——を達成するためには、東ドイツの脆弱化が、そしてそれによって基本法二三条による連邦加盟という方式を支持してくれる多数派の調達が不可欠となった。

東ドイツ不安定化政策はテルチックが流した噂(*9)によって薄気味悪さを帯びることになったが、この不安定化政策は旧体制の残党に向けてなされただけではない。それどころか、この旧体制を打倒し、現在はなによりも内部からの構造改革を求めている野党勢力、つまり、自分たちの力で安定を獲得し、自分たちで考えていこうとする人々にも向けられていたのである。コール首相が円卓会議の正当性を暗黙のうちに否認し、モドロウ政権にそっけない態度を取ってきたことは、こうした背景からのみ説明できる。しかし、このモドロウ政権にしても、連邦憲法裁判所の二人の判事も確認していることだが、われわれの基準からしても、一定の正当性は得ているはずである。つまり、「円卓会議および、閣内に参加している野党グループによっても担われている」のだから。「ということは、旧体制はすでに抹消されている——事実上、抹消されている。ただ残っているのは抹消の手続きの実行だけである。時間に追われている現在、このモドロウ政権から成功の可能性を取り上げ続ける必然性はなんら存在しないのである」(『シュピーゲル』誌、一九九〇年一〇号)。だが、まさにこの政権の失敗をめざして連邦政府は動いたのだ。つまり、インフラ整備のための資金援助を拒否したのである。この資金援助は、東ドイツ地域への進出をめざす資本の自己増殖の条件を改良するためにも、連邦政府はどのみちやらねばならないことなのに、それを拒否したのである。

東ドイツの選挙民に媚を売り彼らの賛同を得ようとして、CDU／CSU(キリスト教民主同盟およびキリスト教社会同盟)は自分たちの持つ魅力を振り撒いた。旧体制の権力を剝奪することだけが目標であったなら、首相自ら個人的に動いて、「民主主義の出発」といった東の反体制政党に、信憑性の薄い翼賛政党(東ドイツに昔からあった体制順応のCDUのこと)と結んで「ドイツ連合」を作らせるような無理強いはしなかったであろう。しかも、選挙中は、新たに設立されたSPD(東ドイツのドイツ社会民主党)のことを——いかなる歴史的真実にも反して——彼らはSED(社会主義統一党)の後継諸派と同じ穴のむじなであると中傷したのである。こうしたCDU／CSUによって動員された大衆は(『南ドイツ新聞』一九九〇年三月七日付けの一二ページの報道によれば)、ライプツィヒのオペラ・ハウスの前での(右翼の)DSU(ドイツ社会同盟)の集会に反対する学生たちのデモに「赤色ファシズム——左翼テロリズム」「赤のドアホ」「赤は出ていけ」などと叫びながら襲いかかったのである。あとのことはシュヌーアとかエーベリングといった連中がとりしきり、さらにはルートヴィヒ・エアハルトの再演という名で保証された経済奇跡の約束で用が足りた。ポテンツを振りかざして約束した通貨同盟で、この経済奇跡はまちがいないというわけだ。四〇年間というもの、東ドイツの民衆は政権にある権力者を支持する投票をしてこなければならなかった。そしていまやコールは彼らに対して、今回もやはり権力を持っている政府を支持しておいた方がとくですよ、とはっきり言ったことになる。

SPDの役割もそれほど褒められたものではない。いずれうまくいかないことが明らかになった暁にSPDは、「またしても祖国なき輩と言われるのを恐れるあまりに、ベルリンの党大会で歴史的過ちを犯したのではなかろうか」と、自問すべきであろう。ヴィリー・ブラントについてとやかく言うつもりはない。彼をDDRの町々の広場での選挙演説に駆り出したのは党なのだから。東側でSPDを作った人々のメンタリティは、五〇年代にハイネマンが作った全ドイツ党を思わせるものがあるが、こうした彼らが、社会民主党という伝統ある名称を称するのを、西側のSPDとしてほっとくわけにもいかず、この新党のアイデンティティ作りに参加するのは、決して不思議なことでもなんでもないであろう。それどころか、ゴータ、エルフルト、ライプツィヒといったSPDの歴史の中心である三角地帯を訪問した古参党員がさまざまな感慨に襲われたのも無理ないところであろう。そのうえ、議会でも多数派になると予測しているこの政党に対して[*10]、個々の方針を理由にオポチュニズムだと非難するのもナイーヴかもしれない。たしかにそうした尊重すべきさまざまな理由があることはまちがいない。でもそれだけでは、他の議論を無視する理由にはならない。いわんやなんの決定もせずに、ヴィリー・ブラントにもオスカー・ラフォンテーヌ〔社会民主党左派の論客〕にも同じ声量で歓呼の声をあげる理由にはならない。そしてＳＰＤがＣＤＵ／ＣＳＵと全ドイツ規模の政党の先陣争いをする決定を下し、ナショナルな心情を自分たちの側の回路にも導入しようとしたとき、ＳＰＤは彼らの最良の伝統を裏切っただけではない。それとともにＳＰＤは、連邦政府のドイツ統一政策に抵抗できる代案を消滅させるような、わけのわからない黒い霧の壁を張りめぐらしてしまったのだ。西ドイツからの選挙戦の輸入を自粛しようという円卓会議の勧告を無視したのは、ＳＰＤも同じであった。それだけではない。〔旧東独内部の〕左翼の反体制グループとの選挙共闘を拒否するように、同志たちに勧告したのである。左翼反体制グループにとっては、これは東ドイツ全体に定着する唯一のチャンスだったのにである。たしかにこうした判断も、権力獲得のためにはごく普通の党利党略なのかもしれない。だが、こうした党利党略が通用するのは、それが外から押しつけられたりすることのない普通の政治的場面でのことである。

つまり、革命を最前線に立って行った〔反体制派の〕人々を差別しないときにかぎられる。

既成事実にもとづくこうした政治はまだその目標に到達してはいない。この政治が依拠しているメンタリティ、またそれをさらに推し進めているメンタリティは、いまのところあらゆる面に行き渡っているわけではない。ドイツ連邦共和国における選挙戦(*11)はまだ始まっていないのだから。

われわれ西ドイツの市民に関して言えば、経済市民としてのさめたエゴイズムと、自分には一銭の損にもならない国家公民としての愛他心とがミックスされている状態は、まだなお安定していて信頼できそうである。このミックス状態を確認しながらラルフ・ダーレンドルフはこんな風に楽しそうに言っている。「飽食した連中は、東側の状況がよくなったのは大変結構なことだと思っている。でも、あちらの人々にはあちらに居つづけて欲しいのだ。そしてもう壁がない以上は、やはり統一すべきだろう、とも彼らは言う。そうすればこっちへ移った連中の一部にはまた東へ戻ってくれるのも少しはいるかもしれない。大体彼らは彼らのトラビー〔東ドイツ製のオンボロ自動車トラバントの愛称〕になんの問題もなく西側の車検証を貰ってしまったんだから。そして、学校の休暇中はうちの町のユースホステルを占拠しているんだから……というのだ。これをナショナリズムというのは、間違った言葉使いであろう。一体ドイツ人はどうしてしまったんだろう(6)」。あの時点以来、社会の雰囲気が、特に「うちの町のユースホステル」などでは殊更そうだが、はっきりとささくれだっていることを理由にダーレンドルフのこの文章に水をさすつもりはない。とはいえ、国家公民として抱く愛他心に金銭はかからないというふうに、経済市民は考えているが、こうした前提が通用するのは、安定した時期だけである。不安定な時代には、西ドイツ市民がこの四〇年間に実際に身につけたこうしたメンタリティは、どうなるだろうか。ドイツ人のアイデンティティといった問題にかかずらうのは普通の市民とは別の連中で、日曜日の政治家ぐらいであろう——知識人ならば週日もそうかもしれないが。ドイツ連邦共和国の市民はいままでは、ノン＝ナショナリスティックな自己理解を作り上げてきた。同時に、政治の動きが一人一人にどれだけの現金《ゲンナマ》を生み出すか、どれだけの使用価値を生みだすかに冷静でさめた注意を払うようになっていた。不安を隠すために高慢な態度を取る現在の政治、全ドイツ国民国家を目指して一目散に走る現在の政治、こうした政治の圧力のもとで、市民のこのようなミックスされたメンタリティはどうなるであろうか。

　この政治はあるひとつのことはもう達成してしまった。つまり、ドイツ国民という問題がいまいちど、共和主義的な平等とか社会的正義の問題と対立するようにさせられてしまったのである。ナショナリティといった政治以前の単位を、市民権の持つ普遍主義的な精神と厳格に調和させない者は、危険な衝突を生み出すことになる。バイエルンの地方自治体選挙にあたってCSUはいまや、左手では、東ドイツから移住してきた人々のための社会政策立法を支持し、右手では、そうした連帯を無視すると言ってラフォンテーヌを悪党呼ばわりし続けることになる――ところが、このラフォンテーヌはすでにずっと前に同じことを要求していたのだ。もちろんその理由は別であるが。実はラフォンテーヌがもうだいぶ前から、ドイツ中心思考に警告を発し、政治的庇護を求めている人々にも、東ドイツからの移住者にも、そして東欧から移住してきたドイツ系の人々にも同じ扱いを求めたのは、周囲が規範性の点で首尾一貫していないことに気づいたからなのだ。ドイツだけで勝手に動き出すという政治は、市民たちを、対立する諸価値のディレンマにつき落とす危険を宿している。こういったディレンマはドイツでは長い前史を持っているのだ。愛他心はコスト中立的であるという経済市民的発想による前提がもはや維持できない以上、大いなる「ドイツ連合」は、このディレンマからの間違った脱出口を求めることにもなりかねない。つまり、「ドイツ連合」はちょっとした戦略変更をするだけで、ドイツ連邦共和国でも彼らの選挙戦を継続できるかもしれないのだ。そして、拡大ドイツ・マルク帝国とのナショナリスティックな一体化をめざして、西ドイツ市民に皆で頑張りぬくようにと要請するかもしれない。このドイツ・マルク帝国のおかげでこれまでだって本当にいい生活ができたんだからということだろう。

3

このような経済ナショナリズムに対抗する別の可能性は、「西ドイツの市民も西側諸国におけるナショナル・アイデンティティの通常タイプに近づいた」と八〇年代に言われるようになった自己理解の要素、それをさらに強固にしていくことであろう。ところが、そのようなかたちでわれわれの憲法のいくつかの基本原則や諸制度に同意しているならば、それは東西ドイツ統一のプロセスに関して民主的手続きを要求せざるをえない。この手続きは、権力の管理に服属させられていない政治的公共圏において、自己決定権という市民の権利が剝奪されずに最優先されるような民主的手続きでなければならない。最優先というのは、能吏的に始められ、最終的には行政管理的に遂行されるだけの併合(Anschluß)よりも、自己決定権が優先されなければならないということである。今回の併合は、国家公民から成る国民を憲法に基づいて構成するにあたっての本質的な条件を、ごまかして無視しようとするものであり、両ドイツで市民たちがよく考え、議論したうえで下す民主的決断という公共の行為をごまかしてやらないですまそうとするものだからである。この構成行為を自らの意思にもとづいて意識的に遂行するには、ドイツ統一をわれわれの基本法二三条を使って果たす(この二三条は「ドイツのそれ以外のもろもろの部分〔複数〕」の加入を予想したものである)ことはやめねばならない。

もちろん私は、うまく機能してきた現行憲法〔基本法〕を堅持すべきであるとするさまざまな理由を無視するものではない。しかし、安定性を重視する考えといえども、規範の重視にとって替わることはできないはずである。しかも、これまで何十年も基本法前文にある再統一の要請に固執してきたまさにその連中〔保守派〕が今や二三条を頼りにしようとするのは、なんともへんてこりんである。この前文を読めば、なぜ基本法が「基本法」と呼ばれ、「憲法」と呼ばれないのかが誤解の余地なく浮かび上がってくる。この基本法は連邦各州の政治生活に「過渡期における秩序を」作るためであるとされている。過渡期とは、「自由な自己決定によりドイツの統一と自由を完成させる」その時点までということである。もしも東ドイツがかつて現在のザールラント州がそうしたように二三条によって基本法に加盟するならば、そして憲法に変更を加えないならば、このような統一の仕方が暗黙のうちに強調することになるのは、すべての復讐主義者が望んでいることである。つまり、憲法一四六条の条件がまだ満たされていないという主張になってしまう。一四六条には、「この基本法は、ドイツ民族が自由な決定によって定めた憲法が発効したその日に効力を停止する」と記されているのだ。実際問題として、東ドイツの連邦「加盟」という形態を取るならば、全ドイツ民族の自由な自己決定ということにはならないであろう。なぜならば、その場合にドイツ連邦共和国の市民は東ドイツの代議士たちに決定を委ねなければならないからである。ようするに一四六条が想定している効力喪失の日とは、もしもそれが現在のことでなければ、いったいいつ来るというのであろうか？　まだ東プロイセンやシュレージエンが加わるのを待つというのだろうか？　もしも、このような誤解を避けようというのならば、そして、ポーランドの西側国境線についての連邦議会の決議がなされた以上、こうした間違った解釈はないと思っていいであろうが、もしも本当にこの解釈を排除しようと望むならば、基本法の最終条文〔一四六条のこと〕および前文は削除し、そして基本法そのものからその暫定的性格を取り去らなければならない。だが、もしもそのような修正をするならば、まさにそのこと自体が、東ドイツの「連邦加盟」のかたちでは、それによってめざされているはずのこと、つまり両ドイツがひとつの全体に統合されるという姿を満たしていないことを証明するものとなろう。二三条による連邦加盟では一四六条が「空振り」に終わってしまう。これは、どんな規則も憲法の統一性という観点から解釈するという方法的原則に矛盾する。

なにからなにまでごまかしばかりである。基本法二三条の問題をはらんだ解釈は、急ぎの政治が支払わねばならない法律上の代償でしかないかもしれない。だがもっと重大なのは、政治的代償である。これは何世代にもわたる重荷となりかねない。つまり、われわれは、たしかにいい憲法にはちがいないが、当時もちろんのこと国民投票によって正当化されることのなかった現行憲法をさらに改善するチャンスを失するだけではない。それ以上に、国家公民からなる国民(Staatsbürgernation)を憲法によって作るのだという明白な政治的意識をもって、国家統一のプロセスを遂行しうる歴史的瞬間を逸することになる。

もしもわれわれが、国民国家なるものについての曖昧な想念から自由になれないならば、またナショナリティとか運命共同体などという政治以前の危なっかしい支えを捨て去ることができないならば、本当はもうとっくに歩み出しているはずの、多文化社会への移行の道を、過去からの負い目なしにさらに歩み続けることは出来なくなってしまう。多文化社会への道、つまり、さまざまな地方別の特性をもった連邦国家、各州が強い権能を保持している連邦国家への道であり、またなかんずく統合されたヨーロッパという、さまざまなナショナリティからなるひとつの国家への道である。このままでは、そうした道を負い目なく歩み続けられなくなってしまう。もしもナショナル・アイデンティティなるものが、共和制的な自己理解、そして憲法パトリオティズムという自己理解にまず依拠するのでないときには、そうしたアイデンティティは、さまざまな生活形式が相互に同権をもって交流しあい、共存しあうための普遍主義的規則に抵触せざるをえない。そして、国家的統合は今日では三つの次元で同時に果たされるという事実と抵触せざるをえない。その三つの次元とは、州、連邦、そしてヨーロッパ共同体である。二三条を使うならば、市民たちは統一のプロセスにあくまで受け身で対応するだけでしかない。だが、もしも憲法制定協議会の方途をとるならば、それは既成事実に頼るような政治を防げるし、またなによりもそれは、東ドイツの市民にひと息ついてよく考える余裕を与え、ヨーロッパ的視点が優先することについて彼らが議論する時間を作るであろう。

憲法草案についての国民投票のみが、しかも全ドイツを連邦国家として統一するか、それともドイツ連邦共和国にその基本法を保持しつづけることを許す国家連合とするかの二項対立をめぐっての国民投票のみが、すべての市民にノーと言えるチャンスを与えてくれるのだ。また、そうすれば少数派が「ノー」ということが可能になり、そのパーセンテージも明らかとなる。それがあってはじめて多数派の決定が、自覚的になされた行為となり、そうした自覚的決定を核として将来の世代の共和主義的な意識が結晶することになろう。このようにどちらかを自由に決めうる二項対立が示されることによってのみ、若い人々のあいだにもともと広まっている感情がはっきりと意識化されるであろう。つまり、これまでのドイツ連邦共和国とドイツ民主共和国の領土の上に国家公民からなる統一された国民を憲法によって作るといっても、それは言語共同体とか文化とか歴史といった政治以前の所与によって予断されたものでは決してないということである。したがって、少なくとも国民投票によって問うて欲しいと人々は思うわけである。

私の友人のウルリヒ・エーヴァーマンは、「東ドイツにおける革命的動きとともに、政治的な国民国家の構成という未完の課題が実際の問題として今また新たに提示された」と議論しているが、[7] このテーゼは私から見るならば、まったくずれている。彼の考えにしたがえば、「実現していない革命を遅ればせながらする」のだということになるが、それも社会や民主的法治国家をめざしてということではなく、遅れてきた国民だからだということである。[*12] この国民はようやく国民国家を作って自己自身の本来のあり方に到達するというのだ。エーヴァーマンは「政治的なものを文化や精神の次元に移行させて考えること」を徹底的に拒否するが、折角そうしておきながら、国家公民からなる国民(Staatsbürgernation)と民族からなる国民(Volksnation)とは違うとするM・R・レプジウスのつけた区別をまた混乱させるような彼の議論は、筋がとおっていない。

西欧の古典的な諸国民(Staatsnationen)の場合とは異なって旧ドイツ帝国(神聖ローマ帝国)解体後の諸国家においても、またビスマルクの小ドイツ主義の帝国においても、国家公民による政治的共同体の形成は、エーヴァーマンが依拠するような「歴史的‐実質的に与えられている統一的国民(ネーション)」といった政治以前の所与と同形的に重なりあったことはいちどもない。レプジウスが述べるように、「政治的支配権の担い手としての国民〈フォルク〉という政治的次元」と「エスニックで、文化的な、また社会経済的な統一体としての民族〈フォルク〉」という政治以前の「次元」とのあいだに、強い緊張関係が存在していた。「この緊張関係を承認することこそが、民主的に自己自身に正当性を付与するシビル・ソサエティの基礎である。政治的主権の担い手としての〈デモス〉を、ある特定の〈エトノス〉と同一化するならば、それは結果として必ず、ある政治組織のなかで自分たち以外の、他のエスニックな、もしくは他の文化的、宗教的、または社会経済的に異なる住民たちに対する抑圧となったり、強制的同化をもたらしたりする。それゆえ一八七一年以降のドイツ帝国において、東方地域のポーランド人のゲルマン化、エルザスとロートリンゲンの人々のドイツ化が試みられ、カトリック信者と社会民主党員がナショナルには信頼できない者たちとして――つまり教皇権至上主義者や国際主義者として――差別されたのである。……国家公民というノミナルなカテゴリーを満たすためにどういう特性を利用するかによって、差別の実にさまざまなケースが発生する。つまり、国家公民はおたがいに平等でなければならないという規範は、もしも政治的平等に関してそれ以外になんらかの基準を導入するならば破られる。エスニックな同質性、宗教的同質性、文化的または人種的同質性などがそれである。政治的平等を保証するためにそれ以外のなんらかの基準を導入してこの国家公民としての平等の規範が破られた最も極端な例は、ナチスによるユダヤ人関係の法律である。これによってドイツ国籍をもつユダヤ系の国家公民は、その平等権を剝奪されてしまったのだ(8)」。

まさにこの関連でのみアウシュヴィッツというテーマは、われわれが国家統一のプロセスを遂行するときの意識に重要となってくるのだ。カール・ハインツ・ボーラー(＊13)はアウシュヴィッツを形而上学的な罪として考え、逆にその罪が東プロイセンとシュレージエンを失ったことによって支払われるのではないか、というような具体主義的なことを言っているが、このようなかたちでアウシュヴィッツを持ち出すのは、まったく的はずれである。同じく、アウシュヴィッツというテーマは、〔罪を犯した〕運命共同体というネガティヴなナショナリズムの梃にもなりにくい。エーヴァーマンは、こうした意味での運命共同体を、(いまようやく)〔統一されるがゆえに〕責任を取らせうる(haftbar machen)ことになった国民国家という主体なるものの基盤に据えようとしているが、こうした議論の梃にはアウシュヴィッツはそぐわない。

アウシュヴィッツの名がなしうるのは、そしてなすべきなのは、どういう領土にドイツ人が住むようになろうと、そうしたドイツ人をして、〔先のボーラーやエーヴァーマンとは〕異なったことを思い起こさせることである。つまり、ドイツ人は自分たちの歴史の連続性なるものを頼りにすることはできない、ということである。アウシュヴィッツというあの物凄い連続性の断絶によって、ドイツ人は、その政治的アイデンティティを設定するにあたって、普遍主義的な国家公民の諸原則以外のものに依拠する可能性をつぶしてしまったのだ。この普遍主義的な原則の光の下では、ナショナルな伝統はまるごとそのまま受け継ぐことはできない。いまではただ批判的に、自己批判を通じてのみ伝統を獲得することしかできないのだ。脱伝統型のアイデンティティは、伝統につきものの実体的性格、その無邪気な性格を失っている。こうした脱伝統型のアイデンティティが存続しうるのは、われわれのそのつどの歴史的状況に応じて具体化されるはずの憲法パトリオティズムの解釈をめぐる、公共のディスクルスの抗争というあり方を通じてのみなのである。(9)

「ネーションという妄想」と題した論文でラインハルト・メッケルは次のように核心を言い当てている。「ドイツ国粋主義的な知識人たちは今日にいたるまでも啓蒙主義、フランス革命、もしくはエルネスト・ルナンの教えてくれたことを拒否しているのだ。それは、民主主義的な国家において〈ネーション〉なるものは――それがおよそまだ存在するとしての話だが――自分たちの民族的な(volkhaft)特殊性を外部に向かって打ち出し、自分たちとそれ以外を区切るようなものではありえない、という教えである。それどころか逆であって、ネーションとは、政治的自己組織への民主的な参加に向けての、社会内部での

〈日々の国民投票〉のシンボルとなるものである」(『ツァイト』誌三月九日号)。

4

当然のことながら、カール・ハインツ・ボーラーは、憲法パトリオティズムという自己理解のなかに、ある種の道徳主義を嗅ぎだしている。彼に言わせれば、こうした道徳主義は、偉大な芸術作品からそのすさまじさ(das Unheimliche)を断ち切ってしまうし、またこの道徳主義のゆえに我々は、「これまでアイデンティティのもとになってきた心情的かつ文化的な伝統の全内容を、まさにそれこそがホロコーストを可能にした意識を作ったのだとして、排除しようとしている」ということになる(『フランクフルター・アルゲマイネ』紙。一九九〇年一月一三日)。こう発言するときの彼の念頭にあるのは、最近のフランスのさまざまなインスピレーションのドイツにおける源泉、つまりカール・シュミット、マルティン・ハイデガー、あるいはエルンスト・ユンガーなどのことかもしれない。しかし、ボーラーがこうした疑念を吹聴しておられる場がどういう新聞であるかを考えれば、(*15)彼のご心配のインチキさがすぐにわかろうというものである。(*14)我々の青年保守主義的な遺産との批判的対決が、そのタブー化をもたらしたとか、あるいはその排除をもたらしたといった話は、いずれにせよ私には初耳である。

ボーラー自身が先の記事のなかで〔重要なものとして〕実際に言及しているのは、フリードリヒ・シュレーゲル、ノヴァーリス、ニーチェといった「反合理主義の遺産」である。だが、初期ロマン派の伝統、また我々の最も見事な啓蒙家〔ニーチェ〕による啓蒙批判といったものの伝統に自らを接合しないなどという乱暴な考えにいったい誰が逢着するだろうか。彼のこうした議論は幻影と闘っているようなものだ。せいぜいのところボーラーのこの闘いがしたのは、反啓蒙主義的で、ドイツ至上主義的な知識人の遺産を忘却の淵に追いやってくれたことだけである。その遺産とは、フランツ・バーダー(*16)やアダム・ミュラー(*17)以来、またエルンスト・モーリッツ・アルント(*18)やJ・F・フリース(*19)以来、ドイツ市民階級のメンタリティに政治的刻印を押した続けたあの伝統のことである。この一派は、それについてヘーゲルやハイネが、またエンゲルスやマルクスが実に見事な揶揄を書いているのだが(10)、実際にはヴェルナー・ゾンバルトの『商人と英雄』にいたるまで、ドイツ人の精神生活における定数項であった。この一派からは、ナショナリズムの波が大きくうねる時には――つまり、一八一三年、一八四八年、一八七一年、一九一四年のそれぞれ直後には(他にもたくさんある年数のことは今は言わないとして)――運命感に酔った知識人の幾世代もが後継者として育ってきたのだ。「一九一四年の理念」のうちに凝集しているこのエネルギーの流れが、今回のナショナリズムの大波によって再生させられることがあってはならない。これは精神衛生の問題であって、排除の問題ではない。

ボーラーは我々の意識の植民地化を嘆いている。記憶の衰退という悪名高き疫病が蔓延し、精神的田舎臭さが進行していると嘆いている。だが、それに対して私は言いたい。我々が自分たちの精神的遺産を全面にわたって受容したのは、ドイツ連邦共和国においてが、はじめてではなかろうか、と。つまり、ハイネやマルクス、フロイトやマッハ、ブロッホやベンヤミン、ルカーチやヴィトゲンシュタインなどを含めて受容したのは、ドイツ連邦共和国がはじめてではなかろうか。こうした遺産のラディカルなモチーフを生かしたのは、我々がはじめてではなかろうか。亡命のなかで守られたドイツ・ユダヤ人の文化が放ったスピリチュアルな火花こそ、そのおかげでドイツ連邦共和国が「経済的に西側に接続しただけではなく、文化的にもそれを成し遂げえた理由なのだ。言葉を換えて言えば、ドイツ連邦共和国の強さはまさに、この地でインターナショナルな刻印を帯びた文化が、しかもやはりドイツ人によって形成されているインターナショナルな文化が発展しえたことにあるのだ」(W・モムゼン)。(11)

国家の大きさの増大と知的な生産性とのあいだに短絡的な関係を作りだしては決してならないのだ。たしかにカール・ハインツ・ボーラーは華麗なエッセイストであり、卓越した文芸評論家である。彼は、美的経験がもつエクスタシーの深淵性の痕跡を、初期ロマン派からシュルレアリスムにいたるまで、驚くべき執拗さをもって追究する。(＊20) 彼は、無道徳的なもの(das Amoralische)が示す大いなる身振りに魅了されている。まさにこの身振りのなかで、芸術の自律性が、しかも善なるものや真なるものとのコミュニケーションを切って棄てた芸術の自律性が示されるのだ。だがこのような美の浸透は「ただ頭のなかで」考えたときにのみ耐えとおすことができるものであることは、ボーラーも知っているはずだ。このように脳髄化された芸術がなぜに――この点はゴットフリート・ベンで勉強できるはずである――民族(Nation)の腹腔に潜り込まねばならないのだろうか。「我々は再びひとつの国民(Nation)にならなければならない」というために政治の美学化などをもちだすのは、理由としては最低である。知識人がまたしても国民主義的な台座を貰って、その上から演説するようなことになるならば、彼ら自身にとっても損害であることは言うをまたない。

たしかにドイツ知識人たちは知的に田舎臭くなっているかもしれない。だが、もしそうならばまずは自分のふりを顧みるがよい。そして、帝国の首府が復活すれば、それによって長く待望されていた象徴性が備わり、自分たちの知的生産性を助けてくれるはずだなど と、つまらぬ希望に身をやつさないことである。「国家の美学」(＊21) などというのは、ルイ＝

フィリップの時代以降は存在しないし、それには相応の理由があるのだ。近い将来、コールとヴァイゲル(＊22)と並んでテューリンゲンとザクセンがベルリンの旧国会議事堂に新たな経済ナショナリズムの旗を翻らせるかもしれないからといって、そのような「国家の美学」が躍動することはないはずだ。

文化国民としてのわれわれの最も固有の遺産がタブー化されることへの恐怖は、ボーラー以外の連中にあっては、まったく別の意味合いを帯びている。彼らは、まず東ドイツにおける国家保安省(シュタージ)の過去を、ナチスの過去といっしょくたにし、その上で、両者を歴史のごみ箱に捨て去り、沈黙のシートをかぶせようとするのだ。「非ナチ化審査機関などはやめよう」というのが、予想もしなかった寛容に満ちた社説のタイトルであるが、それを読むと、昔を振り返るにあたっての魂胆がよく見える。「〈過去の克服(Bewältigung)〉などということは、今回は言うのはやめよう。また過去の〈抑圧的忘却(Verdrängung)〉などというきつい言葉でぶん殴るようなことも、……しないようにしよう。また〔ドイツ人には〕〈哀悼能力が欠如(＊23)〉しているなどということを、過去を抑圧するかたくなな態度の、心理的な構成的原因であるかのように言い触らす卑劣な主張もしないことにしよう。……かつてこうした〈過去の克服〉などということに固執したために、道徳的要求が道徳とは正反対のものに変じてしまったのだ。〈過去の克服〉などという言辞は、権力欲に役立つ政治的従順さを生み出すためになににもまして利用されたことが、ますますはっきりしてきている」（『フランクフルター・アルゲマイネ』紙、一九九〇年二月六日）。この文章の本当に言いたいことがなんであるかは、『ライニッシェ・メルクール』紙（相当に保守的な新聞）が、その一九八九年一一月二四日の寄稿コラム欄で、まだ十分に早い時期にすでに明言している。つまり、国家社会主義の破産の助けを借りて、（ナチスの過去にも）待ち望んだ終止符を打つ（den Schlußstrich ziehen）べき時がようやく来たというのだ。(*24)「反ファシズム（アンチファ）衝動、この過去の清算なるものへの熱中は、現代の重みによって排除されて、その特権的位置を失うのではなかろうか？」。コラムの筆者によれば、国家社会主義のプロパガンダにより空洞化しているアンチファ組織が崩壊するとともに、(*25)反ファシズムも一緒にもう過去のものとなるべきだ、というのだ。一九四五年以降のドイツにおける民主主義的法治国家は、この反ファシズムの精神からのみ再生しえたのにである。

ゴルバチョフが反共主義のきっかけを取り上げてしまったちょうどその時に、こうした猥褻な絡み合いが蘇ったのは、偶然ではない。ドイツ連邦共和国（西ドイツ）の国民を長いあいだまとめていたように見える反全体主義というコンセンサスは、常に独特の不均衡を秘めていたのだが、この見かけのコンセンサスというファサードも最終的に崩壊してしまった。そこで反共主義の破産管理人は最後のひとふんばりをして、取り引きを申し出たわけである。つまり、こっちのこと〔ナチス全体主義の過去〕についても、むこうのこと〔共産主義という全体主義の過去〕についても、秘密厳守でいこうというのである。それは、ドイツ連邦共和国の非共産主義的左翼が――東ドイツを経由することによってたしかにドイツ史の一部になった――あのスターリニズムの上に、対話を拒否する沈黙のマントをかけたがっていると、反共主義者たちが見誤っているからである。

ペーター・スロターダイクは自分の国についての講演で、「ドイツの沈黙」と対決している。そこで彼は、偉大なる沈黙者たちを取り上げている。つまり彼の言う「かつての帝国弁士たち」「罷免されたかつての言語壮士」たちを批判している。続いて自分の同世代の者たちに向かってこう語る。「一九四五年以降にドイツで生まれた者は、後から生まれた者でありながらも、およそこの世界に登場するために、つまり生まれるために、自分たちの祖先の沈黙を遅ればせながら決定的なところで破らねばならないのだ[12]」。

原注

（1） K. Jaspers, *Freiheit und Wiedervereinigung*, München 1960, S. 53.

（2） W. Mommsen, *Wandlungen der nationalen Identitäten der Deutschen* (1983), in: ders., *Nation und Geschichte*, München 1990, S. 62.

(3) Mommsen (1990), S. 76 ; Vgl. auch S. Meuschel, *Kulturnation oder Staatsnation*, in : *Leviathan*, 1983, H. 3, S. 406-435.
(4) H. Honolka, *Die Bundesrepublik auf der Suche nach ihrer Identität*, München 1987, S. 104. Vgl. auch D. P. Conradt, *Changing German Political Culture*, in : G. A. Almond, S. Verba (eds.), *The Civic Culture Revisited*, Boston 1980, S. 212-272.
(5) M. R. Lepsius, *Das Erbe des Nationalsozialismus und die politische Kultur der Nachfolgestaaten des Großdeutschen Reiches*, in : M. Haller u. a. (Hg.), *Kultur und Nation*, Frankfurt/Main 1989, S. 253 f.
(6) *Merkur*, März 1990, S. 231.
(7) U. Oevermann, *Zwei Staaten oder Einheit ?*, in : *Merkur*, Februar 1990, S. 92.
(8) M. R. Lepsius, *Ethnos und Demos*, in : *Kölner Zeitschrift für Soziologie und Sozialpsychologie*, 1986, H. 4, S. 753 ; zur Kritik am Konzept der Staatsbürgernation B. Estel, *Gesellschaft ohne Nation ?*, in : *Sociologia Internationalis*, 1988, H. 2, S. 197 ff.
(9) J. Habermas, *Geschichtsbewußtsein und posttraditionale Identität*, in : ders., *Eine Art Schadenabwicklung*, Frankfurt/Main, 1987, S. 159-179.
(10) D. Losurdo, *Hegel und das deutsche Erbe*, Köln 1989.
(11) Mommsen (1990), S. 83.
(12) P. Sloterdijk, *Versprechen auf Deutsch*, Frankfurt/Main 1990, S. 52.

訳注

（＊1） ナチスとドイツ小市民階級とのかかわりを『ブリキの太鼓』などの作品を通じて一貫して追及してきたギュンター・グラスはドイツ連邦共和国の代表的な作家であるが、壁が開いた直後から安直な統一論議に反対する議論を展開した。

（＊2） 一九九〇年三月一八日の東ドイツの選挙は、それまでに複数政党制がありもしなかった東ドイツに西ドイツの政党地図がそのまま導入され、いわば代理戦争の観を呈した。当然のことながら、コール首相、ラフォンテーヌ社会民主党総理候補、ゲンシャー外相(自由民主党)をはじめ、各党の代表的政治家が総動員された。本来は依然として他国であるはずの国内選挙であるのに、平気で各地で遊説を行った。ラフォンテーヌが統一はまだ先のことといった趣旨の発言をそうした遊説の機会に東ドイツでしたことが社会民主党にとっては致命傷であったともいわれている。当初の大方の予想に反して保守派の勝利に終わった。また、「戦車の轍」は、NATOの秋季演習の際に畑地を走行する戦車の轍による損害がよく問題になったので、その事実を比喩化して、西の政党の東独遠征を皮肉ったものであろう。

（＊3） Allianz für Deutschland. 三月一八日の東独の選挙にあたってキリスト教民主同盟、民主主義の出発、ドイツ民主農民同盟などいくつかの保守派が組んだ連合。

（＊4） シェーンフーバーは、右翼の共和党の党首。

（＊5） 一九八六年の歴史家論争以来、ハーバーマスがしきりと使う表現。伝統的な共同性を払拭して、西側の基本的人権の思想に根ざした基本法への忠誠、その普遍主義的道徳件をいかなる批判にたいしても擁護しようとする立場。

（＊6）　補償理論と呼ばれる新保守主義的考え方は、西ドイツでは根強いものがある。古くはヨアヒム・リッターが、この「補償」もしくは「代償」(Kompensation)の語を使った。彼に言わせれば、近代は必然的に意味の喪失をもたらし、乾いた、せちがらい人間関係しか残さなくなる。その「代償」として歴史的空間の思い出が重要となる。文化の力によって、せちがらい現代が失ったものの穴埋めをするように近代はできている、とする考え方である。人文科学の擁護にも使われるこの議論は、彼の弟子たちを通じて七〇年代後半以降、一定の力を得てきた。歴史家論争も、これをひとつの背景としている。

（＊7）　シュミット政権の後半に政権政党としての社民党がもちだした。豊かな経済、行き届いた社会福祉、それなりに実現している労働者の共同決定などといった、世界のトップクラスであることはまちがいないインジケーターを根拠にしている。しかし、これは逆に緑の党に象徴される成長路線の再考を促す動きや、六七／八年以降のユートピア志向などを、生殺しにするものでもあった。主として社民党右派の路線であろう。

（＊8）　コール政権は一九九〇年三月一八日の選挙に向けての選挙戦で東ドイツに「民主的な手続きで正当性を与えられた政府ができるまで」は資金援助をしないと言い張っていたことを暗にさしている。

（＊9）　東ドイツは今週中にも対外支払が不可能になり、破産するという噂は日本でも当時の新聞に大きく取り上げられたが、この噂は首相の外交顧問テルチックが流したもの。

（＊10）一九九〇年三月一八日の東ドイツでの自由選挙では、直前までSPDが勝つと多くの人々が信じていた。なお、ハーバーマスのこの文章を二割ほど削ったものが、『ツァイト』紙に掲載されたのは、この自由選挙の直前の三月一四日である。

（＊11）一九九〇年一二月に予定されている連邦議会の選挙のことであろう。当時はまだ確定していなかったが、結果としてはその間に一九九〇年一〇月三日のドイツ統一があり、この選挙が統一後初の全ドイツ国政選挙となり、コール政権側が大勝した。

（＊12）「遅れてきた国民」はプレスナーの有名な著書のタイトル。ハーバーマスは五〇年代から六〇年代半ばにかけてリンジャーの本などと並べて、懐疑的な書評を書いている。

（＊13）カール・ハインツ・ボーラーはニーチェ、エルンスト・ユンガーなどを手掛かりに、合理性を越えた美的経験の瞬間を強調する。そのあたりがハーバーマスとの大きな違いであるが、戦前の青年保守主義者と異なり、どこかで戦後西ドイツの小市民的生活への徹底した批判と罵倒は、いわゆる進歩主義にたえず挑発的なかたちで水をかけている。ハーバーマスにとって好意をいだきながらの論争相手であった。

（＊14）カール・ハインツ・ボーラーはもともと『フランクフルター・アルゲマイネ』紙のイギリス特派員をしていたこともあって、同紙に書くことが多い。一方で同紙は産業界、上層市民の意見を代弁する保守的新聞である。その保守的強硬度は七〇年代半ば以降、非常に強まり、かつてのようなリベラルな調子は影を潜めている。ここでハーバーマスが言いたいのは、こうしたボーラーの美学的見解がドイツの特殊なコンステレーションでは所詮は、経済界の投資意欲と相補いあっているということであろう。他のところでそうした発言もなされている。

（＊15）新保守主義がサッチャー、レーガン、中曾根などに代表されるのに対して、青年保守主義は、ハーバーマスの用語では具体的な政治勢力ではなく、特にドイツに顕著な思想的、文学的潮流をさす。ゲオルゲ、ユンガー、ベン、カール・シュミット、ハイデガーなどを想定すればよいであろう。背後にはロマン派とニーチェがいる。ハーバーマスは、さらに延長して、フーコーやデリダにもこのレッテルを貼ることが多く、かなりの批判を浴びている。

（＊16）フランツ・ソォン・バーダー（一七六五—一八四一）はカトリック系の思想家。後期ロマン主義のゲレスなどとともに、神の意思のもとにある人間のあり方を説きながら、身分制国家的な思想を唱えた。

（＊17）アダム・ミュラー（一七七九—一八二九）。プロイセンでのハルデンベルクの改革に反対し、一八一三年以後、メッテルニヒに近づき、身分制国家的な保守主義を唱えた。近代における国家と社会の分離を認めず、有機体的な国家形態を望んだ点で、ドイツ保守思想のひとり。

（＊18）エルンスト・モーリッツ・アルント（一七六九—一八六〇）。ボン大学の歴史学の教授などを務めたナショナリスト。「ドイツ語の響くところ、ドイツ人の祖国」と述べたのはよく知られている。フランクフルト国民議会では、プロイセン王を皇帝とする国民国家を主張した自由主義右派の立場に立つ。

（＊19）ヤーコプ・フリードリヒ・フリース（一七七三―一八四三）。哲学者。カント批判で知られるが、本論の関連では一八一七年、ドイツ統一を望んで催されたヴァルトブルクの記念祭に参加したナショナリストの面が問題なのであろう。ヘーゲルが『法哲学』の序文で批判したことで有名。

（＊20）例えば Bohrer, *Plötzlichkeit*, Frankfurt 1981.

（＊21）ボーラーは現在のドイツ連邦共和国には、イギリスなどと比べても、国家の象徴が乏しいことを嘆く。また、国家には国事行為にあたっての美学が必要なことを強調する。決して保守勢力の意見と同じなのではなく、そうした象徴性と権力との相互依存こそが権力の単細胞的な発動を妨げるものであることも強調されている。ここでハーバーマスが直接かみついているのは、ボーラーが主幹をしている雑誌『メルクール』の一九八九年二月号に出た論文である。

（＊22）ヴァイゲルはコール内閣の大蔵大臣。バイエルンのCSU党首で保守強硬派として知られる。

（＊23）『哀悼能力の欠如』（一九六七年）はアレクサンダーおよびマルガレーテ・ミッチャーリヒの名著。ナチスの犠牲者を悼むことのできないドイツ人の心性を精神分析学の立場から批判的に扱った本書は学生反乱期の必読書のひとつであった。また、このタイトル自身が一人歩きし、過去の克服の欠如を示すキャッチフレーズとして使われた。

（＊24）「終止符を打つ」(den Schlußstrich ziehen)はナチスのことをいつまでも言い続けるのはやめようと言う連中の態度を批判的に要約するときによく使われる表現。

（＊25）アンチファ運動は、旧東ドイツの国是である反ファシズム運動のこと。さまざまな全国組織やその支部で、お題目のように反ファシズムが叫ばれ、事実上空洞化していた。それでも西ドイツに対する自分たちの正当性の護符となっていた。ハーバーマスから見れば、西ドイツの反ファシズムと東のアンチファ運動とは質的に異なるもののはずである。

今日における「過去の消化」とはなにか？

解題　一九八九年一一月にベルリンの壁が開き、一九九〇年一〇月、東西ドイツは統一された。この時期、国内的に大きな問題は、旧東ドイツの指導部による過去の人権抑圧をどう処理するか、また旧東ドイツの知識人、大学教授などで体制順応派に属していた人々(大部分がそうである)を今後どう扱うか、さらにはそうした人々の中で国家保安省(シュタージ)の秘密協力者だった膨大な数に上る人々の犯罪をどのように解釈するか、であった。毎日のように、あの人までもが、というような人々が、実はシュタージの協力者であったことが暴露される日々であった。また西側にとっても、ボン政府の関係者のなかにスパイが見つかるだけでなく、七〇年代、八〇年代の西ドイツ政府の指導者たちの東側との(共存のためであったとはいえ)癒着を細部にいたるまでいまさらのように見せつけられるのは、あまり楽しいことではなかった。さらに西側にも少数居た東のシンパのごりごり左翼にとっても、東との協力関係の過去が暴かれるのは、個人的に有利なことではなかった。そうした情報は、かつてのシュタージの膨大な書類ファイルを通じて得ることができるようになったわけである。それゆえ、こうした議論を通じて最大の問題は、この書類ファイルをどのように保存するか、その閲覧権はどういった人々に優先的に与えられるべきか、ということであった。

個人の寝室にまで入り込むような暴露から、東のスターリニズムもしくはポスト・スターリニズムの抑圧をドイツ人として今後どのように考えるべきかといった「まじめな」議論まで、さまざまな水準の議論は、必要なものもあれば、明らかに薄汚い、行き過ぎのものもあった。

また保守派には、西の左翼も東の体制も、この際に一緒に葬ろうといわば血刀を振りかざす向きもあった。

『ツァイト』紙一九九二年四月三日号に載った本稿はこうした議論のただ中で書かれたものである。この原稿の一年半ほど後には、そのために作られた連邦議会の調査委員会の質問に答える論文も書いている。本稿冒頭の、ナチスも含めて過去の犯罪に対する議論のさまざまな層、それぞれのテーマに馴染む議論空間と馴染まない扱い方を整理しているところは、日本での議論にもそれなりの示唆を与えてくれよう。また、あくまで加害者個人に帰せられる道徳的な罪（もちろんそれについて公共圏で論じることが必要なこともある）と、政治的共同体として過去の犯罪に対する責任を負う(haften)こと(もちろんその議論は道徳的根拠をもっているし、道徳的に論じられることもありうる)との、ごく基本的な区別は、ハーバーマスが初期のハイデガー論以来、貫いていることであるが、これも重要である(最近の日本での議論ではこの区別が解除されていているきらいがある)。

そのことと関連するのが、本文になんども出てくる「倫理的＝政治的自己理解」あるいは「自己理解」という用語である。これは、本書所収の「ヨーロッパ要塞と新しいドイツ」の解題でも書いたが、ある政治的共同体が、公共の議論を通じて自分たちのアイデンティティを獲得するプロセスのことである。「倫理」は、元来のギリシア語のニュアンスを持つ。ただし、それはいわゆる「日本的なもの」といった、自己の文化的特殊性の自己主張をめざすものというよりは、当該の政治的共同体の過去の犯罪を考えながら、どのような共和政体を作っていくかを議論し合うことである。アウシュヴィッツがあっただけに、民主的な共和政体を作る義務を負っているという、普遍主義への出口といってもいい。その点で、責任のヤスパース的分類（ハーバーマスもそれを念頭においてはいるが）を歪めて利用しながら、国民主体の立ち上げなどというわけの分からない議論をする、日本の一部の方向とは正反対である。「ドイツの伝統のなかで文化に敵対的な要素をまずは認識しなければ、この同じ伝統のなかにある普遍主義的で啓蒙的な、そして反抗的な側面が見えてこないのである」という主張、また「メンタリティの変化があっても、それが自分たちで行ったと思いうる政治的決定と結びついていないかぎりは、集団としての自己理解がうまくいっているかどうかの重要な自己点検が不可能になる」といった認識にもとづく倫理的‐政治的自己理解の要請が重要である。

ついでに、タイトルの「過去の消化」について。「消化」とはなんとも馴染まない言葉であるが、ハーバーマス本人が指摘するようにフロイトの用語に由来する。過去を見つめ、自己のものとして確認し、それにいたった経緯、その現在への影響などを批判的・反省的にとらえ、最終的にはその過去にとらわれつつも、過去から解放されるという逆説的な帰結を得るプロセスであろう。個人の場合には、無意識の領域への探索が必要な困難な過程である。政治的共同体の場合には、無意識というよりも、公共の議論、被害者との対話のなかで模索されるプロセスとしてハーバーマスは考えているようである。文中では、「反芻」「消化」「克服」「清算」などをそのつどに応じて、一語で、あるいは組み合わせて使うかたちで、少しでもニュアンスを再現しようと努力したつもりである。

なお、本稿は、政治論文集『ベルリン共和国の正常性』(Die Normalität einer Berliner Republik タイトルの不定冠詞にはある種の距離感がある)にも収められている。若干の改編がなされているが、翻訳は『ツァイト』版によった。

1

一九五九年にアドルノは、後に有名になった「過去の消化――それはなにを意味するのか？」というタイトルの講演をし、それ以来「過去の消化 Aufarbeitung der Vergangenheit」という表現が人口に膾炙するようになった。背景にあるのは、「反省による消化」とか「意識化」という表現を用いたフロイトである。精神分析によって解明されたこうしたパースペクティヴからアドルノは、現在またしてもアクチュアルになった問題を次のように表現している。「公共の場における啓蒙の試みにおいて過去の問題に立ち入るのは、どの程度が適切なのだろうか。ひょっとしたら過去のことにあまりにこだわる態度は、かたくなな抵抗を呼び起こし、本来めざしていたことと逆の結果を引き起こすことになりはしないだろうか」。当時のアドルノのこの問題に対する答えは次のとおりである。「意識化された事柄は、無意識的なこと、半ばしか意識化されていないこと、意識以前のことと較べて、それらがもたらすほどの害悪を引き起こすことは決してありえない。重要なことは、どのようなかたちで過去が現在に呼び戻されるかである。ただの非難に終始するのか、それとも恐るべきものの衝撃に耐え抜こうとするのかの違いが重要である。衝撃に耐えるのは、不可解でとても理解できないことをすら、なおも自ら理解しようとする力によるのだ。……宣伝臭がつきまとっているものはどのようなものであれ、疑わしい」。このアドルノの答えはアンビヴァレントである。つまり一方で彼は、我々を傷つける過去を徹底的に反省の場に曝すことを求めている。この過去は、我々が自分はこうであると信じているような、あるいはこうであると思い込みたがっているような存在とは異なった自分をつきつけてくるからである。他方で、この反省に治癒力があるとすれば、それは、外側から我々に対する武器として使用されるのでなく、内側から自己反省として発動される場合だけだということである。つまり、「宣伝臭がつきまとっているものはどのようなものであれ、疑わしい」のである。彼のこうした弁証法的な答えは、現在の議論を判断するための基準を与えてくれる。

自分自身の過去を消化・清算するべきだとアドルノがこのように信仰表明をしているからといって、それは、彼が意識化のもつ力学を素朴に信頼しているということでは決してない。この信仰表明が表わしているのはむしろ、今日の時代はポスト形而上学的思考の条件下にある以上、自己理解が問題になる場合には、過去の消化としてはこうした意識化による方法以外にありえないという認識なのである。また多元主義の下で個々の生活形式(Lebensformen)は相互に同権であり、またそうした個々の生活形式の内部にはさらに、個人個人でそれぞれ異なった生活設計(individualisierte Lebensentwürfe)の余地が残されている。そうした条件の下では、すべての人にとって基準となるような、確立したモデルに依拠することは許されない。アリストテレスはまだ、人間のエトスが基準とすべき規範的な生活のあり方として、ポリスの重要性を特記することができた。しかし今日では、自分の人生が成功したか失敗したかは、なんらかの模範的な内容によって計ることはできない。それはただ、オーセンティシティ〔本来性〕という形式的観点によって見る以外にないのだ。その意味では、形而上学的もしくは宗教的な基礎を持った倫理の後を襲ったのが、キルケゴールの実存主義やフロイトの精神分析であったのは、偶然ではない。つまり、本来の自分であるあり方は、人によってそれぞれ異ならねばならないということである。どのようにして自分自身であるかは、それぞれの人が、自分とはなんであるか、なんでありたいかを検討することによって、自分で見つけなければならない。本来の自分自身でありうる仕方を分析したキルケゴールは、時間化というアスペクトを強調しているし、無意識のモチーフを分析したフロイトは、啓蒙というアスペクトを重視する。内的連関性を持った誠実な自己解釈を得るためには、我々は自分自身の過去を批判的に消化し、責任を持って引き継がねばならない、というのである。それはまた、道徳的に不愉快な欲求や行為を自分自身に対して隠すときに陥る自己欺瞞を批判することも要求している。自分の人生の設計でも、また我々がそうであることによって人から尊重されたいと思う人間像でも、すべての人間の同じ利害に沿った行為期待に反するものであってはならない。それゆえに、このような特別な自己経験にあっては、道徳的評価と、〔ポスト形而上学の時代において〕変貌した倫理的自己理解のあり方とが絡み合っているのである。

このような問題は、第一人称単数のパースペクティヴからのみ出てくるのではない。第一人称単数のパースペクティヴとは、一人一人がそれぞれ別々の自分自身の実存のあり方を自分なりに明らかにしようとするときのパースペクティヴのことである。それだけではなく、我々があるひとつの政治的共同体の市民として、第一人称複数のパースペクティヴから倫理的‐政治的自己理解を行う場合にも、このような問題は出てくる。特に当該の共同体が、政治的に見て犯罪的な過去を抱えている場合にはなおさらそうである。誤った政治的発展に関する事実や、その原因をとらわれない目で歴史的に研究することは重要であるが、それと別に同じく重要なのは、そうした誤った発展に巻き込まれてしまった世代の観点から自分自身の歴史を批判的に反芻・消化することである。そうした歴史に参画した者たちの観点から見て重要なのは、自己のアイデンティティに関わる問題であり、また集団としての正直な自己理解を分節化された表現にもたらすことである。つまり、政治的公正の諸条件にかなうと同時に、歴史によって刻印された政治的共同体が未来に対して懐くより深い思いを表わすような、集合的自己了解を表現することである。ある抑圧的な生活連関がその内部において、人間の尊厳にかなった共同性と同権を認める度合いが少なかったり、また外部に対しては自分たちとは異質な生の簒奪や破壊によって自己保存をはかる度合いが過去に多かったりすれば、そうした度合いに応じて、政治的共同体のアイデンティティを規定する伝統の連続性は問題をはらんだものとなり、またこうした伝統を良心的に探りながら継承せねばならないという遺産の重荷は大きくなる。ところで伝統というものは、一人一人で勝手に変更・処理のできるものではなく、共同の所有になるものである。それゆえ伝統を意識的に変更するには、そのつどの正しい解釈をめぐって公共の論争をする以外の手段は存在しない。

このような倫理的‐政治的自己理解をめぐって公共の場でなされる議論は、アドルノが

「過去の反芻・消化」と呼んだ事柄の中心的な次元であるには違いない。とはいえ、それはあくまでいくつかある次元のひとつの次元であることもたしかである。自己理解をめぐるこうした議論は、ジャーナリズムやマスメディアの場、そして成人教育や学校教育、さらには、学会や文壇という公共の場、市民フォーラムや国の調査委員会といったさまざまな形態に分岐して行われるであろう。しかし、こうした議論は、個人的罪を一人一人が自分で反芻・消化する個人的作業や、また違法行為を法にもとづいて訴追することとは違うものであり、それらと取り違えてはならない。道徳的な意味での罪、また法的意味での罪、こうしたものは一人一人の個人の責任に帰せられるものである。それに対して、政治的共同体の市民たちは、その共同体のなかで行われた、もしくは合法化された、人間の尊厳に対する侵害行為の「責任を負う(haften)」のである。

たしかに法治国家の実践はメンタリティを形成する効果を持っており、そうした効果のひとつに、民主主義国家は、一人一人の市民からポスト慣習的な道徳意識を要求するという経験がある。また、市民全体としては、一人一人が自己検証をある程度はすることを要求して、それに応じて刑法上の手段を一定程度使うという決定をすることもあるだろう。だが司法当局とは別のところでなされる公共の議論においては、その参加者は第一人称複数の観点から答えられるような問題にのみ関わるべきである。そうした問題とは、政治的正義のそれであり、集団としてのアイデンティティのそれであり、またこうした規範的観点の下で必要となることだが、エリートの交代の問題である。公職への就任の是非が問題でない場合は、一人の個人の行動や運命はこうした議論においては、〔過去の犯罪への〕典型的な巻き込まれ方をはっきりわからせてくれる例としてのみ挙げることが許される。また公共の場で特定の個人宛に道徳的非難がなされるにしても、それは政治的に正当な状態を生み出すためのものとしてでなければならず、一人一人の個人的な、実存的な自己理解に宛てたものではないし、ましてや裁判所の判決の代わりとなるものではない。刑事訴訟法にしたがってなされた審議手続きの結果のみが判決だからである。

問題を個人化したり、世間によるつるし上げ裁判であるかのようにしてしまうと、公共の場での自己理解をめぐる議論の焦点がぼけてしまう。本来ならば関わった個人同士の釈明や法的判断の場でなされるべきような問題をも取り込んでしまい、公共の議論としては負担過剰となる。もちろんのこと、過去の倫理的‐政治的な反芻・消化がメンタリティ形成的な力を得て、自由な政治文化に向けた活力となるためには、法律による裁判があることが必要であり、また実存的自己点検へのある種の用意によって補われることが前提であることもたしかである。こうして見ると過去の反芻・消化とは複数の次元を持った、そして分業的な仕事だということがわかる。

2

ドイツ連邦共和国は、DDR〔ドイツ民主共和国〕の過去に関わる文書ファイルを開けつつある。その仕方は、東欧のいくつかの隣国におけるよりも容赦ないところがある。理由は、そうした国々とドイツとのあいだの文化的および社会的発展における非同時性にあるだけではない。また文化的メンタリティの違いによるだけでもない。それらと並んで言えることとは、客観的に見てもかつてのDDRの国民は、ハンガリー人、チェコ人、スロヴァキア人、そしてポーランド人などと異なった状況に確実にあるということである。第一にDDRの人々は、国家としての存続を放棄し、今後当分にわたって、生活水準、社会福祉、歴史的経験に関して東西のドイツ人のあいだに存在する不均衡と折り合って生きていかなければならない。こうした問題が自分の問題とは「関係ない」大量の〔旧西独の〕人々となんとかやっていかなければならない。それもかなり長期間にわたってである。「統一が、人生の機会の均等化という意味においてだけでなく、共通の未来の展望や同じ歴史的アイデンティティの共有をも含めた生活のあり方の一致の増大という意味で本当に成し遂げられるのは、一九九〇年一〇月三日以後に生まれたドイツ人においてであろう」（レペニース）。(＊1)

第二に国家保安省という過去の問題は、もうひとつの過去、つまりナチの過去をいまいちど前面に押し出すことにもなった。オーデル河およびナイセ河以東の諸民族は、ナチとの協力に関する問題を処理しなければならないのに対して、ドイツ人は加害者の側に立っていた。打ち負かされた敵という役割のために、DDRは東側ブロックのなかでもはじめから特別な位置にあった。

こうした歴史的背景からして、今日の統一ドイツのなかでDDRの住民たちは、また別の種類の特別な位置に置かれることになる。これまでのDDR体制においては反ファシズムということが自己正当化の議論によく使われたために、それがかえってナチスの過去との深刻な対決を阻害することになっていたという事情である。それゆえにドイツの東側部分においては、過去の反芻・消化が欠如していることを示す徴候が増大している。ついでに言えば、その事態に応じてドゥメジエール首相が就任演説において説得的な議論を展開している。東と西でナチスの過去との対決に関して不均衡(*2)があることは、例えば、ブーヘンヴァルト強制収容所に記念の場をつくることについての論争や、〔東独地域の〕ラーヴェンスブリュック強制収容所の跡地に建設が予定されていたスーパーマーケットに関する議論に現われている。

もっとも、西ドイツにおいても政治的雰囲気は国家統一のために変わっている。「決して過ぎ去ろうとしない過去」を「正常化」し、または、より大きな国民史的枠組みの中へ「組み込んで」見ようとする試みが、かつて有名人たちによってなされかけたが、統一の三年前の段階では、いわゆる歴史家論争において、潰すことができた。ところが今日では、威勢のいい歴史家が厚かましくビスマルク帝国からの連続性を強調しても、またナチスには近代化のエネルギーがあったと言って、その大量殺害の犯罪と差し引きゼロにしようとしたりしても、それに異を唱える声はほとんど聞こえてこない。非シュタージ化は一種の非ナチ化であるとされており、非シュタージ化という表現は、第一の独裁と第二の独裁を平板化して同じ次元で比較し、国家保安省とゲシュタポを同じに見るように誘いかける。もちろん、両者のあいだに狡猾な区別をつけてナチ政権の方をそれでもまだ東独よりは比較的文明化された支配形態であるかのように見せようとするやり口よりは、「ふたつの独裁」という表現を気軽に用いる方がまだましにはちがいない。自由主義保守派の人々はドイツ国粋派に早変わりし、青年保守派は——湾岸戦争のときと同じに——右翼過激派と同じ物言いをしている。

もちろんのこと、その中でも〔ナチスの〕過去の重荷をおろして楽になりたいという欲求に、エルンスト・ノルテ（＊3）ほどに露骨に身をまかせる者もそうはいない。彼は、DDRがはじまるずっと以前の恐怖や残虐を、すべてDDRでなされたことであるかのように見て、そうした恐怖や残虐のことを考えれば、ＤＤＲに敵対するファシスト側も、後から見るとそれなりに正当であるかのように描きだす。「ＤＤＲはドイツの国家としてはずっと古いのだ。連邦共和国よりも古いし、第三帝国よりも古い。いやそれどころかヴァイマール共和国よりも古い。もちろん目に見える現実としてそのように古いわけではない。しかし、十月革命の直後にレーニンは、ドイツの労働者に対して血に汚れた支配階級への反乱を呼びかけたが、そのときに、彼が夢見ていた国家がＤＤＲであった。また、一九一九年一月に何十万もの人々が弱体なエーベルト政権に対するデモを行い、政権転覆へのカール・リープクネヒトの呼び掛けに従おうとしたが、そのときひょっとしたらできていたかもしれない国家が、ＤＤＲであった。一九二三年、トロツキーがドイツ革命軍司令部の顧問団に赤軍の将軍たちを任じたが、そのときに、彼の思想の眼に映っていた国家がＤＤＲであった。一九三三年、スターリンの確信によれば、ヒトラー・ファシズムの勝利は所詮は短期的なものであって、必然的に崩壊するとされていたが、その崩壊後に成立するはずだった国家がＤＤＲであった。ヒトラーは初期の演説で、「ボルシェヴィズムの血の沼」という言い方をしており、何百万もの人間が殺されていったと言っているが、そのときに彼がその成立を恐れていた国家がＤＤＲであった。また一九三三年に、無数の〈市民派の〉組織・党派は、〈民衆の首相ヒトラー〉こそドイツがボルシェヴィズムの淵に転落するのを最後の瞬間に救ってくれたのだ、と自分自身に対しても他人に対しても言いきかせたのだが、そのときに彼らが念頭においていた国家がＤＤＲであった」。ノルテはまず最初に「素直に見る人間」ならば、次のような「印象」をもつであろうと、まことしやかに述べる。それは、「ＤＤＲの国家保安省《シュタージ》の巨大な組織は民衆に対する監視としてはゲシュタポもかなわない、それより遥かに緻密なものであった」という「印象」である。そして最後に彼は自分の結論を提示する。「どのように言い逃れても無理である。実際に成立する前からＤＤＲの存在を恐れ、憎んでいた人々は、決してはじめから不当だったわけではないのだ」。

トラウマを負ったこの心霊術師の夢にわざわざここで触れたのは、シュタージの過去をめぐる議論がナチスの過去に関する解釈論争をまたしても引き起こす、そのありさまを示す極端な例だからである。スターリン主義の過去の克服といっても、それが我々の場合に東側の近隣諸国におけるのと違って現われるのは、こうしたサブテクストがあるせいであるように。「ドイツでは二重の過去が処理されている。あたかもふたつの過去が同じであるかのようとしているのだ」(イエッケル)。一九四五年の直後にしなかったことを、それだけ一層の熱意を込めて取り返そうとしているのだ」(イエッケル)。そうした事態に対抗して、今引いたエーベルハルト・イエッケルのような歴史家たちは、両者のあいだに区別をつけることを要求するのである。この点に関しては三つのことを確認しておけば十分であろう。

(1)ふたつのケースにおける政治犯罪は、スケールの大きさが違うのみならず、あり方も異なっている。DDRは五千万人の犠牲者を出すような世界大戦もしなかったし、工場化された大量殺戮という民族虐殺の責任を負うようなこともしていない。本当の意味でスターリンの犯罪がなされたのは、ドイツの地ではソ連占領体制時代のことである。DDRの四〇年の歴史のうちで独裁者スターリンの生きていた時代はたった四年である。とはいいながら、ポスト・スターリンの政権も無数の犯罪を犯したことはまちがいない。殺人と拷問、壁を乗り越えようとした人々を撃ち殺したこと、誘拐、強制的養子縁組み、政治的理由による公職禁止、徹底した郵便と電話の検閲や盗聴、思想を異にする者たちへのスパイ活動や彼らに対する規制などである。政治裁判は無慈悲そのものであった。連邦資料保管所のベルリン出張所の調査では、一二万五〇〇〇件の人権侵害が記録されている。どの一件をとっても、あってはならないことである。とはいえ、こうしたカテゴリーの犯罪の利点は、比較的簡単にテーマとして名ざしできることである。それに比べるとアウシュヴィッツの名前と結びついている文明の断絶は、言語に絶するものがある。特に、DDRでの人権侵害の犠牲者の多くが生き延びていて、ナチの犠牲者の大部分がそうであったように身体的に抹殺されていない場合は、なおさらテーマ化しやすい。

(2)四〇年という比較的に長期間続いたこの政治体制は、ポスト・スターリン主義のこの社会に一種の正常性を付与してきた。この正常性は、一二年間の支配のうち五年間は戦争をしていたナチス政権では得られなかった。正常化効果は、逃げ出さないように壁のなかに閉じ込められざるをえなかった国民に、一望監視装置的な見張りをめぐらしたことで、いっそう強められたであろう。国家保安省の機構は目に見えないものでなく、このマシーンに属する何十万人かの、おどかし好きでまことに元気印の職員たちが社会のほとんど全面にわたって浸透していたことは、別の一面ももっていたようである。つまり、シュタージは、抑圧と社会的コントロールの機関として自分たちを位置づけていただけでなく、同時にパターナリズム的な世話役や特権分配機関であるとも思っていた。それどころか、保護観察下に置かれている国民には許されていなかった利害表現の正常なチャンネルを代替する機関の役をもしようとしていたのである。国民はそれによってナチスの時代よりもずっと、支配の官僚的な網の目に組み込まれていった。戦後の時期には「みんな犠牲者だったのだ」というステレオタイプの心情表明がよく使われたので有名だが、その表現は、DDRでは政治権力の歯車装置に多くの人々がとりこまれていただけに、今日では戦争直後のあの頃よりも信憑性があるほどである。シュトルペのケース(＊4)で明らかになった、このポスト・スターリン主義における両義的な組み込まれ方については、我々西側の人間は、かすかに想像することしかできないが、まさにこの両義的性格のゆえに個々の複雑なケースに関する道徳的判断がいっそう難しい。ナチスの犯罪はそのあまりの物凄さのゆえに比較的簡単に価値判断ができたのに比べて、この取り込まれの過程は、我々がそれを細かく見ていき、当人の立場に立って考えようとするにあたって、ずっと厄介な状況である。

(3)またその精神的基盤に関しても、ナチスとDDRの政治体制をいっしょくたにすることはできない。たしかにマルクス＝レーニン主義ははじめから、人間蔑視の実践を正当化するために使われていたにはちがいない。しかし、マルクスの伝統がこのようにドグマ的に硬化し、堕落した解釈を受けていたなかにあっても、一抹の批判的ポテンシャルは残っていたのであって、それを体制批判者たちは――DDRの民主化運動の担い手たちにいたるまで――、全体主義的実践に対抗してくりかえし動員することができたのである。DDRの正当化の基盤が両義的かつもろかったことは、そのつどの世代に、この学習能力のない体制でも内部から民主化しうるのではないかという誤った希望を呼び起こし、それゆえにこそまた国内の反対勢力の力を萎えさせもしたのである。官僚的社会主義が自己自身を抹消したこと、さらにはインテリゲンチャ〔要職にある者たちの総称〕が自己の権力を自ら剝奪したことに関する、満足のいく説明はまだできていない。東の体制を批判した色々な人々は今日では、体制そのものが自己自身から「カウンター社会」を生み出したのだというテーゼを唱えている。このテーゼは、レーニン主義によって駄目にされたマルクス主義にすら自己批判のポテンシャルがあると擁護するものである。そうした自己批判のポテンシャルに対応するものは、支離滅裂なナチスのイデオロギーにはいっさいない。ヴォルフ・レペニースですら、「一九世紀における社会主義の成立に一定の役割を果したユートピア的人道的なモチーフは似非社会主義のDDRが終結しようが、またほとんどすべての国家社会主義政権が崩壊しようが、それによって最終的に過去の物になったとか、もう最終的に葬っていいものになったとかいうこと」はない、と考えている。

3

ナチスとDDRのこうした差異を背景としてイエッケルは、非スターリン化を非ナチ化のパターンで押し進めようとする傾向を「悪辣な所業」と呼んでいるが、それは正当である。一九四五年と一九八九年の出発点の状況は、ともに独裁の終結という幸福以上に共通するものはいくらもない。ナチスの終結は軍事的敗北によって確定され、DDRの終結はゴルバチョフの政治によって可能となり、かつ国内の力によって余儀なくされた。一九四五年の後では戦勝国によって軍事裁判が行われ、戦争犯罪および人道に対する犯罪のかどでナチの大物たちが、つまり上層の党役員、高級官僚、将軍、強制収容所の医者たちなどが裁かれた。こうした犯罪に鑑みて、当時の法廷は国際法および超法規的な正義に依拠しえた。今日の場合には、統一条約にもとづいて連邦共和国内部の法秩序がDDRの領域に単純に拡大されただけである。遡及適用は禁止されているので裁判所として訴追できる犯罪行為は、当時妥当していたDDRの法律にあてはまるものだけである（もちろん、DDRの当該の法律が法治国家の原則に反しないものであり、これまでに廃止されていないかぎりにおいてであるが）。ハンガリーの場合と同じで、我々の場合にも、かつて政治的理由によって刑法上の訴追が停止されたケースに関しては、それをなんの配慮もなく、復活させて訴追することは許されていない。

当時とは異なって、今日では過去の犯罪の追及にあたって、初めにセンセーショナルなケースが扱われているわけではない。壁を乗り越えようとする者が撃たれたことに対する裁判で被告になっているのは、国境警備の兵隊たちでしかない。また選挙結果の歪曲を取り上げた裁判でも、もっとも重要な責任者たちは裁判にかけられていない。一九四五年の後では、一介の党員や下っぱの党役員も全面的な非ナチ化の波に襲われてはいるが、日和見でナチスに追従しただけだとして、すぐに過去の責任を許されている。ところがそれに対して、今日では、裁判所は小物だけを処罰し、大物は自由に放りっぱなしにしているという誤った印象が生じている。

特に違うのは、なによりも政治的環境や雰囲気である。一九四五年のドイツ国民は、「ヒトラーは広汎な層の支持を得ていたのだ」とぼんやり思っており、そのために、「戦勝国の独善的裁判」なるものへの反対でまとまっていた。そして犯罪行為の規模に関して真剣に思いをこらすことをしなかった。事務書類の決済で殺人を犯していた連中や大量虐殺犯が特に悔いた様子もみせておらず、しかもそうした彼らに対して司教や枢機卿たちでさえもが結構助けの手をさしだしていたのである。そうしたことの恐るべき細部をエルンスト・クレーが暴きだしたのも、ようやく最近になってのことである。今日の状況はそれと強烈なコントラストをなしており、DDRの過去と徹底的に関わりあおうという用意は大きなものがある。西側に生きている五分の四の国民は、ナチの犯罪に関するあまりにも遅く始まった議論によって、過去の克服というテーマについてはどのみちセンシビリティを高めている。もっとも彼らとて今回の件に関しては直接に自分自身のことであると感じる必要がないこともたしかではあるが。国の東の部分においては、犠牲者や亡命者たちが、自分たちの運命が忘れられることのないように努めている。それどころか、『フランクフルター・アルゲマイネ』紙は、これまで何十年にわたって、「哀悼能力の欠如」(*5)という診断や「過去の克服」といった要求に対して嘲りの言葉しか投げかけてこなかった新聞だが、その社説にすら、DDRの過去と徹底的に関わりあおうという、こうしたコンセンサスが反映している——とはいえ、このコンセンサスは、連邦大統領〔リヒャルト・フォン・ヴァイツゼッカー〕とか連邦議会の議長〔リタ・ジュースムート〕のようなリベラルな要人たちの方が、この新聞よりもはるかに信頼できるかたちで表現しているのだが。例えば「ビットブルク」問題(*6)との関連で〔ナチスの過去に関して〕まったく違ったことを書いていたフリッツ・ウルリヒ・ファックなどすらこう書いている。「多くの人々はできることなら、かつて確実にうまくいったことを繰り返したいであろう。もっともそれはうまくいった後で二世代にわたって厳しい問いと糾弾と審判に曝されてはきたが。つまり、犯罪に関する書類を最終的に封印し、〈シュタージ〉の過去といういやな一章のページを閉じてしまいたいであろう。しかし、そうしたことが可能であると思うならば、現実を見誤っていることになる」。

こうしてみると、ドイツの第二の過去の「消化・克服」に関しては、比較的に良好な初期状況があることになる。そのことは以下の三つの目標のすべてについて言える。つまり、第一に、政治的に見て過去に問題のあるエリートの解任、第二に、政治的正義の確立、そして第三に、民主主義へ向けての住民の意識変化という三目標である。かつての非ナチ化は効果がなく、アデナウアー政権の人事におけるナチ時代とのほとんど無傷の連続性を防ぐことができなかったのに対して、今日では西側が強く推し進めている人事調査と解任手続きのおかげで、政治、行政、司法、教育、大学といった公的領域におけるエリートの交替が進んでいる。当時は、きわめて歴然とした強制収容所の犯罪ですら、それをドイツの司法当局が取り上げるまでに一五年以上もかかったのに対して、今日では司直の動きだすのは早かった。たいていの場合に事実構成要件は〔強制収容所の場合より〕ずっと複雑であるにもかかわらずである。また復権、補償、原状回復などに関する民法上の請求権についても、それにみあった法的基盤が速やかに整えられた。司法当局の動きが鈍いという非難が広くなされているにはちがいないが、それは捜査当局の人手不足や、どちらかといえば法技術的な理由による遅延に由来するものである。過去の不正義を司直の手でただすという政治的意思の表明に関しては——これは過去の連邦共和国にはなかったものである——信憑性が十分にある。五〇年代の復古主義的雰囲気のなかでは、リベラルな作家や大学教授たち（ヤスパースやコーゴン、さらには四七年グループのような）が反ファシズムの声をあげても、ナチ政権が自らの基盤としていた根深いメンタリティのありようの前で、はねかえされるだけで、効き目がなかった。今日では、『シュピーゲル』誌におけるビーアマンのなにもかもぶちまけるといった調子の発言に典型的なように、シュタージをめぐる感情的議論は、末端の茶の間にまで届いている。(*7)

もちろんこうした動きにブレーキをかけようとする試みや、困ったことだとする声もあるにはちがいない。しかし、倫理的 - 政治的な自己反省のための前提は、一九四五年直後よりも良好である。だがまた当然のことながら、こうした状況では、不可避かつ望ましいには違いないが、それなりに骨の折れるプロセスがもつ問題的な側面も現れがちである。それはこういうことである。たしかに、アデナウアー時代と異なって今日では、過去の消化・克服へ向けての法的かつ社会的プロセスが必要なことは、あらゆる陣営から原則として認められているし、また実際にそれははじめられてもいる。そうであるだけにまた、うさんくさい調子やけたたましいやり方もある。われわれとしてはそれらを見て、そのさまから公共のコミュニケーションのメディアに負担をかけてもいいことと、そうでないこととを学ぶいい機会でもある。

4

政治的正義という目標は、刑法上の手段及び民法上の賠償手段によって達成されねばならない。起訴法定主義にもとづく以上、刑事司法機関は、当事者が誰であるかという個人的なことを問題とせずに公平に動かなければならない。そしてそれは相当の規模において可能なはずである。というのも、DDRの憲法の文言は、基本的人権を保障しているからであり、またDDRで妥当していた法でも、殺人や故殺、それに誘拐、恐喝、強要だけではなく家宅侵入、名誉毀損、職業上の秘密の漏洩、誣告、器物損壊、いやそれどころか選挙結果の工作そのほか、法治国家においては通常の犯罪構成要件が想定されているからである。ところが、今こそ司法当局は党の上級役員たちをしょっぴくべきだといったことが大声で叫ばれているが、その裏にあるのは、ほとんどが自分の責任は棚上げにした復讐への欲求でしかない。この点でフリードリヒ・ショアレマー(＊8)は愕然としてこう述べている。「あちこちで凄まじいばかりの復讐気分があらわれているのには驚くばかりである。個人としてはやれないことを、国家がやってくれるようにという期待がまたしても出ている。非常に多くの匿名の密告がなされているし、また〈アカの連中をこれで完全にかたづけてしまえ〉、といった期待を他人が満たしてくれるのを、多くの人々は望んでいる。今では倒されて地面に横たわっている昨日のお偉方を、今日さらにおもいきり蹴っとばせというのだ。……この復讐のポーズは四〇年間の卑怯な生活のヴァリエーションでしかないし、人々は、卑怯な生活をしていた現実を認めようとしないそうなるのである」。

ところで、法というものは、国家機関の強制的手段を用いるものである以上、当然のことながら、その使用には明確に記述された限定がなされている。裁判官による判決行為は個人的な生き方といった実存的な問題にも、また政治的責任という道徳的問題にも立ち入ることはできない。こうした問題が政治的正義の領野に含まれることはたしかだが、それにもかかわらず、判決では立ち入ることはできない。それゆえに、刑事司法当局とは別のところで、公共のディスカッションという柔軟なメディアにおいて論じ交わされねばならない問題が〔司法によっては〕未解決のままに残されることになる。だがまた、こうした公共の議論においては、批判が見せ物裁判のようになったり、ショー的な催しに堕落してはならない。

ショアレマー、ティーアゼ(＊9)、ウルマンなどの周辺にいるDDRの民主化運動の担い手たちは、「刑法上の過去の克服の限界を越えたところで、少なくとも道徳的評価を可能にするため」として、〔民間での〕一種の「対話裁判〔トリブナール〕」を導入しようとした。彼らが考えていたのは、不偏不党の判断のできる専門家をあいだに挟んで、加害者と被害者のあいだのカタルシス〔浄化〕的な対話をすることであった。ところが、「それぞれ異なった役割と担当分野において体制の機能に寄与した人間たちが、その体制とどのような基本的な関連を持っていたかを明かそうとする対話の厳密な形式」を求めてはじまったこのやり方においても、過去の消化・克服をめぐる議論の糾弾法廷化（Tribunalisierung）の危険がはっきりと意識にのぼらざるをえなくなってきた。それゆえ現在ではこのグループは、「公共的な啓蒙〔解明〕のフォーラム」なるものを、全国において行おうとしている。これは、法廷めかした手続きや国による承認とは無縁のものとして考えられた、脱形式化された催しである。先に法的なメタファーを使っていたときには、こうした〈法廷《トリブナール》〉なるものが公共の議論戦略とは別物であるかのような誤解が生じたが、そうした誤解も避けることができる。政治的正義を求める要求のなかで法制化されえない要求に関しては、公共の場における意見形成および意思形成という、しばしばカオス的な動きを見せるプロセスを通じてのみ、長期的に主張が通るのである――この点は、倫理的‐政治的自己理解に関するすべての論議がそうであるのと同じである。こうした法制化され得ない要求は、国家の権威によるアウラを帯びさせてはならないし、また、制度化された手続きという方途で強行されてもならない。その政治的経歴によってまったく疑問の余地のない個人的信頼を獲得している〔旧東ドイツの〕民主化運動の担い手たちのような知識人といえども、この点で、真理につながる特権的な道を知っていると主張することはできないし、彼らはそうする気もないであろう。彼らは政治的公共圏の一部であり、法的に整備された政治的制度の一員ではない。

マスメディアによって伝達される公共の議論にとっての今ひとつの危険は、興味本位に個人に話題を絞ることである。ヴォレンベルガー夫人が自分の夫にスパイされていたことをどう思っているかをカメラの前で話すのを聞くのは、個人のプライバシーへの覗き見的な侵入であり、それによって政治的問題と実存的問題との完璧な混同が実現することになる。もちろんのこと、目立った地位にあって政治的責任を負っていたり、執筆によって影響力を及ぼしていた党役員や作家や教授たちは、当時なにをしており、またなにを言っていたかについて、批判的な問いを受けて立たねばならない。だからこそ、ハイデガーやカール・シュミットのような帝国言語壮士たちが自分たちの政治的過ちを認めるか——コーゴンによれば、誰でも政治的過ちへの権利はあるのだから——、あるいは、こりずにあくどく逃げ口上を探し続けるかが、公共の関心事となったのである。

しかし、たとえそうした場合であっても、個人史を覗き込むのが公共の議論にとって重要なのは、それがあくまで、典型的状況における代表的破産のあり方を明らかにし、また抑圧の構造に関して教えてくれるかぎりにおいてである。抑圧の構造としては例えば、反体制派の抵抗力を「解体」するためにシュタージが採用した「処置計画」——ヴォルフガング・テンプリーンの場合がそうであるが——などがある。公共の世論の場で問題としうるのは、政治的に重要な行為の道徳的基準が破壊されてしまったような、社会的・歴史的コンテクストがもつ構造的側面についてのみである。さらにはその犠牲者への称賛のことも った認知が論じられるべきである。ショアレマー、ウルマン、ティーアゼなどによる「正義と非正義の基準」の再建という考えはこのような意味である。「SED〔ドイツ社会主義統一党〕体制を支持するように人々をしむけた動機や強制を明らかにすることなしには、すべての人々に破産の刻印がつきまとい続けるであろう。今日では称賛と承認が贈られるべき人々すらもが、そうでない人々と一緒くたにして信頼を落し続けることになろう」。

ところでこうした自己理解をめぐるディスクルスは政治的正義の問題にいくどとなく触れることであろう。しかし、こうしたディスクルスがまずなによりも目ざしているのは、住民のメンタリティが変化することである。それによってリベラルな政治的文化が生まれてくることである。これこそが、それぞれのやり方で誰もが巻き込まれてきた厄介な政治的過去を消化・克服する社会的プロセスの目標でなければならない。そこにおいては政治的正義の問題は背後に退いて、それよりもむしろ、誤れるノーマリティとしてのひとつの生活形式をかたち作っていた姿勢のあり方や伝統とはどんなものであったかに関する、倫理的‐政治的に見た基本的問題が論じられることになるはずである。こういう観点に立つならば、共通のパトロギーの方が重要なテーマとなり、それに比べると、政治的正義の観点で必要な、加害者と被害者の区別は背後に退く。こうした気持ちに駆られていることは、連邦議会の調査委員会に対してライナー・エッペルマンが解明を要求している問いのなかに現われている。彼はこう問題提起をしている。「なぜDDRの何十万もの市民がメーデーや建国記念日の一〇月七日に街頭行進をして、よりによって自分たちを三〇年にわたって閉じ込めている当の連中に向かって歓呼の声を挙げたのか。なぜ新入学児の九八パーセントもが国策少年団である少年ピオニール団に入っていたのか。なぜ労働者の八五パーセントもしくは九〇パーセントが自由ドイツ労働総同盟〔FDGB〕に入っていたのか。これが労働組合とは似ても似つかないものであることはほとんど誰もがわかっていたのにである。それは、みんな入っていれば二年ごとに割引きの旅行ができることを期待していたからではないか」。SED〔社会主義統一党〕政府はナチスに比べれば、国民のあいだで自発的な支持を受ける度合はずっと少なかっただけに、こうした問題は一層の重みを持つ。同じような議論の目標をショアレマーは、ライプツィヒでの「克服と革新のためのフォーラム」の結成にあたってたてている。「我々のめざすのは、DDRにおけるまったく普通の生活の消化・克服である。つまり、九五パーセントの人間が団体組織に組み込まれ、出席表をいそいそと出していたことこそが問題なのである」。

そのためには、歴史的知識が必要となる。ところが、歴史研究という挽き臼は、ゆっくりしか動かない時間のかかる代物である。自己理解をめぐる議論はこうした歴史研究の結果を待っているわけにはいかない。しかし、十分に精密な理解をするための情報は必要である。だからこそ、先に触れた連邦議会の調査委員会は、すでに分っている知識を収集せねばならないのである。独裁的な権力構造がどういうものなのかについて、また、抑圧の公然たるメカニズムについて、またその陰湿なメカニズムについて、さらには、政治的抵抗運動、消極的同調、そしてアパシーといったもののさまざまな形態についての知識を集めねばならないのである。この調査委員会は、公共の使用に役に立つように、歴史的知識を収集・消化する役を担っているのだ。

このように過去の反芻・消化の作業過程は多層的であるが、こうした多層的なさまざまな志向に適ったやり方を、現在の我々がドイツでしているか、という問いの答えがどうなるかは、今後を待たねばならない。マスメディアというのは、過去を暴露されたり、また暴露されるとそれに対してぶっきらぼうに反応したりする個人への攻撃を強めたり、露骨になったりする危険を宿している。たしかに、過去に問題のある幹部クラスを入れ替えるというのは、正当な観点であるが、それが、しばしば悪用されてビジネスの種になっている。『ズーパー』(*10)紙はまさにその恐るべき例である。ショー的座談会のおしゃべりや、つるし上げ裁判的な演出が横行するなかで、過去の克服(*11)はともすると中途半端になりがちである。クリスタ・ヴォルフをめぐる劣悪なるお芝居は、決していい兆候とは言えない。

5

第二の過去の消化・克服にとって色々と問題もあるとはいえ基本的には有利な状況に我々はいるわけだが、それでも陥りやすい誤りがある。公共のコミュニケーションという際限のないメディアでなされるディスクルスは、それに固有の問題の立て方やテーマを視界から失いたくないならば、そして問題解決能力を喪失したくないならば、自己限定をしなければならない。たしかに、過去の間違いを軽く受け止めた方がいい場合と、大きく問題視しなければならない場合とのバランスの取り方はむずかしい。特にあまりに性急な統一の結果として生じざるをえなかった西と東のあいだのどうしようもない不均衡を考えるとなおさらである。

軽く受け止めようとする連中は、〔東西〕両方の側でその作業にとりかかっている。過去の傷がいずれ表面化する可能性をもっている連中の多くは、煙幕を張って逃げたり、あるいは、昔のことはいつまでも問題にしないで、適当なところで幕引きすべきだという〔ナチスに関してもあった〕あの有名な議論をしている。すでにアドルノは一九五九年にそうした議論に警告を発していた。ヴォルフガング・ティーアゼが次のように自問するのはこうした連関においてのことである。「我々はドイツ連邦共和国の歴史を、クイックモーションで繰り返さねばならないように定められているのだろうか」と。過去を軽く受けとめようとする方向の当事者は単に、DDRの昔からのつながりを使って現在もうまくやっている連中だけではない。またフェアならざるやり方で皆の前で過去を暴かれた人々や、「狙いうちにされた」連中だけでも、さらには、シュタージの「調査本局」の利口な局員たちだけでもない。もっとも、この最後の連中は、資料を隠蔽し、現在ではその書類ファイルを最も払いのいいところにあちこち見せてまわっているのだが。こうした書類の発覚という時限爆弾にはそれ以外の共犯者たちもおそらくびくびくしているのではなかろうか。「確実なのは、統一条約の交渉にあたってボン政府が、シュタージの資料を見る資格をできるだけ制限しようとし、またそうした書類ができるだけ早く抹消されることに関心をもっていた、ということである」(『ノイエ・ツューリヒ新聞』)。西側でも、多くの本気で左翼の人々、またかなりの強情な左翼も、過去を軽く受け止めようとする側に属している。それは、十分に考慮にあたいする道徳的根拠にもとづいている場合もあれば、またかつてDDR当局と楽しくいちゃついていたという恰好の悪い事態をごまかそうとする意図によっている場合もある。いずれにせよ、ドイツ作家連盟の歴史委員会の最初の会議を見たジャーナリストたちは、こうしたごまかしの匂いをかぎとらざるをえなかった(*12)。しかし、このようなごまかしの意図やそれ以外のモチーフを別にすれば、過去を軽く受け止めようとする立場は道徳的根拠によることは少ない。むしろ、こうした立場が拠って立つのは、〔ナチスの〕過去の克服という議論に批判的な人々がいつも使っていた、機能主義的な発想である。

クルト・ビーデンコプフがドレスデンで述べたことは(*13)、ボンのプラグマチックな諸氏の本音を明かしただけである。〔ナチス崩壊〕当時と同じに、今回も、前体制の機能を担っていた経済官僚や行政官僚たちがやはり新しい建設のためには必要だ、というのである。例えばブロックフレート吹きと言われる翼賛政党(＊14)の連中も必要だ、ということである。すでに西のCDUは、〔九〇年三月一八日の〕最初の自由選挙にあたってこの翼賛政党の組織網を、あくどいまでに利用しつくしている。彼らの観点から見れば、歴史の克服というかたちで問題を尖鋭化する動きは、経済的意欲や効率を阻害し、国内の平和と安定を危険に曝すことにしかならない。それゆえ彼ら現実主義的な減刑論者たちは、刑法による訴追に関してはどちらかといえば、限定的な刑事訴追〔つまり法の適用にあたって解釈を厳密にすることによって多くの人々が起訴を免れるようにする〕の方向に傾きがちであり、シュタージに関する議論が広がり、さらにそのテーマの設定の幅が広くなることを恐れている。この点ですでにナチスの過去を問題視しないようにする西ドイツでの防御戦で知られているキーワードだった「脱‐道徳化」という表現が用いられている。

こうした現実主義者の解釈では、政治的正義とか、メンタリティの〔西ドイツでは〕意識的に貫徹された変化といった規範的目標に対して、経済的発展とか社会的安定といった機能上の強制命法が対峙させられている。しかし、こうした捉え方は驚くばかりに近視眼的である。こうした解釈をする彼らは戦後の復興期を振り返って、その時期があまりに輝かしく見えるために、ふたつの事実を見まちがえている。ひとつは、当時は、生活状態が連続的に、また広汎な層にわたってどんどん向上し、それが、危機を免れた国民の「体制への信頼感」へと転化されえたが、そうした好適な状況は、〔現在から見れば〕まことに例外的なものでしかない、ということである。第二に、六〇年代以降明確に効果を発揮しだした知的緊張と抗争の存在である。こうした知的緊張や抗争を通じて、それまでの体制への信頼感が、一世代を経て、ようやく政治文化として根づいたリベラルなメンタリティへと変容しえたのである。したがって機能主義者たちの議論があまりに近視眼的である理由は、簡単に言えばこういうことである。規範的態度の深甚なる変化がもしもなかったならば、そして、反論・論争の文化に慣れ親しむということがなかったならば、四〇年を経て、誉め称えられているこの連邦共和国の「サクセス・ストーリー」も可能にはならなかったであろう、ということである。

問題を軽く受け止めようとするこうした減刑論者たちの防衛的議論に反論する人々は、過剰に問題視する人々の陣営に纏めて数え入れていいかもしれないが、もちろん、そうした人すべてを、かりに彼らが時に過剰反応することもあるとはいえ、同じ過剰反応者という枠で見ていいわけではない。というのも、DDRの野党陣営の人権重視論の人々が壁崩壊後の最初期のうちに、シュタージの書類を差し押え、抹消されるのを防ぐという活動をしなかったとしたら、またDDRの最後の時期の人民議会でさんざんな苦労ののちにようやく成立したシュタージの過去に関する決議がなかったとしたら、そしてシュタージ関係書類取扱法に関する連邦議会での辛抱強い審議がなかったとしたら、また先に触れたトリブナール〔法廷〕の思想がなかったとしたら、さらには、亡命した作家や著名な犠牲者による暴露の力学が働かなかったとしたら、オープンな論争の機会もなかったであろうし、DRの過去は連邦共和国の勝利の歴史の影で、臭いものに蓋をされていたであろう。〔シュタージのおかげで〕深い傷を負い、ときには生きていく力を失ってしまった多くの人々は、その仕返しの満足感を得ようとしている――彼らにはその資格がある。過剰に問題視する人々の列に彼らを入れるのは、恥知らずというものである。法と秩序があれほどにまで堕落させられていた以上、法と秩序に対して抗議の叫びを挙げるのは、当然の功績である。もちろん、そこには非常に個人的なモチーフもはいっているかもしれない(＊15)。例えば、こうした抗議は、自分が殉教者になりきれなかったことに対する不満のようにも見えるし、さらには、革命的転換を先頭に立って引き起こした当の人々が、革命後の自分たちの無力さ加減に怒りを発散させているようにすらみえる(＊16)。

これと多少異なるのが、シュタージの犠牲者たちの傷ついた主観的気持ちが、以前からの反共闘士たちの怨恨と結び付いたときの、恐ろしい神聖同盟である。西の論壇ジャーナリズムを見ると、いわば技術的な理由からして、ずいぶんと異なる多くのものがまぜこぜに流れ込んできているのがわかる。それは、かつてのＤＤＲが、自分たちの独自の公共圏を作る時間的余裕がなかったことに、つまり、公共圏に必要なインフラストラクチャーを作り、独自のディスクルスを始める余裕がなかったことによる。それゆえに、東の知識人たちは西のジャーナリストたちのさし出す綱にしがみつくことになり、意図せぬままに西側の硬直化した議論の戦線に巻き込まれてしまった。そうした戦線の動きを見ていると、六〇年代、七〇年代の政治的・知的塹壕戦の再現の様相を呈している。シュトルペのケースを利用して、冷戦論者たちは、かつて東方政策をめぐって負けた戦いを再開している感があるし、連邦議会での過去の克服の議論は党利党略を使って行われている始末であるし、論壇では東ベルリンのアカデミーを今後どうするかをめぐって、〔西の〕体制奉仕型の知識人たちが、彼らの鬱憤晴らしをやっている。彼らの鬱憤は本当は、グラスやイエンス(＊17)に、そして彼らが昔から嫌うこうした人々の非妥協性に向けられているのだが。こうした体制奉仕の煽動家タイプたちは、とっくになすべき過去の消化・克服という課題を、政治的正義や自己批判に基づく意識変革以外の目的のための道具として使おうとしている。自己理解をめぐる議論には、相互に傷つけあうだけになってしまう可能性がたえずつきまとっているが、彼らはその可能性を煽るのである。というのも、つるしあげや話題の個人化は、どうしてもディスクルスを本筋から外させてしまうことになるからである。自己理解をめぐるディスクルスはたしかに道徳的問題、法的問題、そして実存的問題に触れはするが、そこに潜む論理、つまり個人に罪を帰するという〔道徳的・法的〕論理、個人的な人生の送り方を評価・判断する危険を秘めた〔実存的〕論理によって議論の方向を規定されてはならないのである。

6

これに加えてもうひとつ厄介な事情がある。拡大されたドイツ連邦共和国は、倫理的－政治的な自己理解をめぐる議論にとっては、間違った枠組みでしかない、ということである。というのも、こうした議論は、内面的に必然的と認められるような根拠を持ってなされねばならないし、さらには、参加者が対等であるという条件が必要であり、共有された「我々」という視点からなされねばならないのだが、そういった状況にはないのである。当座のところは、当事者のあいだの関係は対等ではない。片方が他方にさまざまな観点から「評価の点数をつける」というのが実態である。東西の経験のコンテクストのあいだには今後も長いあいだ相違が存在し続けるであろうし、その相違をみかけだけ鷹揚に、しかし実際には拙速なレトリックで平かにしても、それは、偽りの対等性をもたらすことでしかない。対等性の欠如という状況は、違いを現状に合わせて都合良く肯定するようなことにもなりかねない。ショアレマーはこの点に関して正当にも次のように嘆いている。「西ドイツの人間たちが我々に対するときの態度は時として、金庫番のようであるとともに、また裁き手のようでもある。我々東ドイツ側の人間はますます発言権がなくなっていく。もう口を開く者もほとんどいなくなってしまった。我々はまたしても馬鹿者に、そして自分の国のなかでのよそ者にさせられてしまった」。西のドイツ人たちは今や、自分たちの同胞が自己理解をめぐる議論をする際の総支配人役を喜んで演じている始末である。だが、こういった事態に対しては――最近も連邦議会の調査委員会の創設に際してそういうことがあったが――〔ともにドイツ人ではないかなどという〕誤った共通性にアピールしたところで、なにもよくはならない。過去の克服のプロセスは、東西ドイツ共通の(gesamtdeutsch)仕事といった表現で定義することは、屈折や断絶なしにできることではないのである。

また、東ドイツにおける個々人の運命をあまりに過度に一般化する仕方は、とんでもない帰結をもたらすことになる。このことは「統一ベルリン＝ブランデンブルク芸術アカデミー」のための趣意書で明らかにできるが、そこにはこう記されている。「厳しく遮断され、かつ内部で分裂していたドイツでは、東側においてのみでなく、その西半分においても、それぞれの部分国家において支配的であった超大国のメンタリティと文化への順応現象があった。自分の国を分断し、両側を猛烈な対決状況に置いていた国境の傍らで何十年も暮らしてきたために、東西両方において、思考の狭隘化が生じている。ドイツは二国に分裂していたために、東側部分においても西側部分においても、知的側面でも心情的側面でもある種の狭さが生まれた。その結果として、両側とも、元来は統一的であった文化が持つ伝統の潜在力から遠ざかることになってしまった」。国民的な自意識が強まり、ドイツは正常状態に戻ったと新たに思い込もうとする雰囲気、歴史を忘れて大口を叩くような対クロアチア政策に伴う雰囲気、ヨーロッパからの分離を言い、我々の国民的シンボルであるDM〔ドイツ・マルク〕を南欧的な響きのするエキュというよそ者による占拠から守るべきだとする、ほとんどヒステリックな叫びが出てくる雰囲気——こうした雰囲気のなかでは、ドイツ人は運命共同体であるとするアピールは、とてつもない恐るべき結果をもたらしかねない。つまり、我々が連邦共和国において苦労しながらやっとの思いでそれと戦い、しかも最近のドイツ史でははじめて成功裡に打ち負かしてきた、あの精神的な連続性を持った伝統に帰らねばならないというのだから。だが、戦後の西ドイツの知識人たちが作ってきたものは、決して自分たちの精神的存在のなかの守るべき知的文化的刺激を切り捨てることによって得たものではないはずである。

我々が旧ドイツ連邦共和国〔西ドイツ〕において生きてきた状況は、知的領域においても西側志向を可能にするものであったし、この西側志向は決して強要されたものでもなければ、伝統を狭めるといったものでもなく、解放として経験されたのである。そのような生活状況が生じたのはもちろん幸運によるのであって、我々の功績でもなんでもない。社会の全領野において啓蒙の伝統がなんの留保もなく受け継がれたことは、ドイツ的魂なるものの歪曲なのではなく、背筋を伸ばして歩むことを習得したことなのである。それによって、ドイツの伝統のいままでの歪められた継承のなかで抑圧され、もしくはマージナルなものとされてきた部分が我々に見えるようになったのである。ドイツの伝統のなかで文化に敵対的な要素をまずは認識しなければ、この同じ伝統のなかにある普遍主義的で啓蒙的な、そして反抗的な側面が見えてこないのである。もしも我々が、思想のなかでも、うっとうしさと深遠さのドイツ的ごちゃまぜに立ち戻るようなことをするならば、これまでの自己浄化の反省によって得られたものも空しく失われてしまうであろう。うっとうしさと深遠さのこのドイツ的ごちゃまぜこそは、ハイデガーなどでは「最も固有のもの」とされているのだが。

いつわりの共通性に訴えかけることには、こうした退行的な側面があるばかりではない。前向きのかたちでなされた場合でも、東西のあいだに実はシンメトリックな関係が存在しない事態を隠蔽するだけである。こうした非対等性は、自分たちだけで行えなくなった自己理解をめぐる議論にとって大きな負担となっている。DDRの自己解体によって、政治的意思決定の軸はより大きな共和政体へと移されたが、その政体のなかでは、この第二の過去の克服に直接関わり、それに参加する者は、比較的弱い少数派になってしまったからである。メンタリティの変化があっても、それが自分たちで行ったと思いうる政治的決定と結びついていないかぎりは、〔過去をめぐる〕集団としての自己理解がうまくいっているかどうかの重要な自己点検が不可能になる。

憲法の上で統一が作られたということは、東西両側にとって、共通の未来を持とうという決断であり、ふたつの違った戦後史に関して相互に理解しあおう——すべての上に影を落としている共通のナチ時代という背景を念頭におきながら理解しあおうという決断である。そのことを我々は認めねばならない。DDRにおけるスターリニズムの遺産によって、二重の過去の克服が必要になったが、それはさしあたっては二重のパースペクティヴからのみ可能なのである。とはいいながら、ヴォルフガング・ティーアゼは、東ドイツ人が自分たちの歴史に対してどのように向き合うかによって、西ドイツ人も「自分たちの歴史の反芻・消化」においてさらに一歩進むかどうかが決まるのだと述べているが、そのとおりである。

こうした議論の出発点となるのは、例えば西ドイツのペン・センターの会長であるゲアト・ハイデンライヒが最近あるインタビューで述べていることである。「根本的問題はこういうことである。ナチスの隣組長的なメンタリティがドイツの一部分〔東ドイツ部分〕でなんの屈折もなく存続し得たのには、どんな条件が、どんな契機が、どんな理由があったのだろうか。そしてもし我々が正直であるならば、そうしたメンタリティは、西側でも、もしもそれが誉められ、なんらかの利益と結びついていたとしたら、やはり続いていたであろうと思わざるをえない。ドイツ人の国家〔複数〕の共通の基盤は、そして、内部に反論や矛盾を認めようとしない国家が生まれた歴史的前提は一体なんなのか、という問題は、シュタージの決算をつけたからといって消えはしないのだ」。とげとげしい議論の雰囲気のなかでは、こうした文章さえも誤解されかねない。しかし、この文章は、問題を軽く受け止め、ことを柔らげようとする人の文章ではない。今から振り返れば状況からして仕方がなかったのだとして、「ふたつの独裁」の共犯者たちをまとめて免責しようとする立場からの文章ではないはずである。

訳注

（＊1）　レペニース（Wolf Lepenies）。ベルリンの高等学術研究所所長の社会学者。著書に『メランコリーと社会』（法政大学出版局）など。

(＊2)　旧東独のヴァイマール近郊にあるナチスの強制収容所ブーヘンヴァルトには、反ファシズム教育のお手本のような展示があるが、実は一九四五年の敗戦後かなりの期間にわたってスターリニズムにより粛清された者たちの収容所として、施設がそのまま利用されていた。統一後、その事態も折り込んだ展示に修正すべきだとの論争が、ハーバーマスがこの文章を書いた当時は続いていた。なかには、スターリニズムの犯罪を中心にする方向で改変すべきだという極端な議論も出ていた。

(＊3)　エルンスト・ノルテ(Ernst Nolte)。歴史家論争でのハーバーマスの論敵のひとり。

(＊4)　シュトルペ(Manfrede Stolpe)。現在は旧東独地域のブランデンブルク州首相。解放以前は東独のプロテスタント教会の要職にあったが、当時シュタージと密接なコンタクトを持ち、いわゆる非正式協力員(情報提供者)として、教会内部の情報をシュタージに伝えていたとされる。だが、このシュタージとのコンタクトには、教会の組織防衛のための面もあり、さまざまな暴露文書が出るなかで、話題の中心になっていた。他方で、一般民衆にまで及ぶ東の人々のあまり楽しくない過去に対する西側の横柄な糾弾に反発する気持から、旧東独の人々からは自分たちの運命の代弁者として相当な支持も受けていた。政治生命を絶たれない理由でもある。ハーバーマスも、実際にどの程度シュトルペとシュタージのあいだに協力があったのか、シュトルペ個人の内面はどうであるかなどについては意識的に立ち入ろうとしていない。

(＊5)　「哀悼能力の欠如」。戦後のドイツ人の心象風景を精神分析の立場から描き、ナチスの過去に向き合おうとしない態度を批判したアレクサンダー・ミッチャーリヒの著書のタイトル。批判的左翼のキャッチフレーズのひとつ。したがって保守系の『フランクフルター・アルゲマイネ』などは好まない表現。

（＊6）「ビットブルク」問題。一九八五年五月、旧西独を訪れたレーガン大統領と共にコール首相はビットブルクにある戦死者墓地を訪れたが、そこにSSの隊員たちも合葬されていることを暴かれて、窮地に立ったことがある。

（＊7）ビーアマン(Wolf Biermann)。一九七六年に東ドイツの国籍を剝奪された詩人でシンガーソング・ライターのビーアマンは、その後西ドイツで活動していたが、一九九一年のビュヒナー賞受賞のときも、またここで言われている『シュピーゲル』においても、東にいた頃、いかにも連帯を装ってつきあってくれていた同僚作家たちが、実はシュタージの手先であったことへの怒りを爆発させ、ぶちまけ話をした。

（＊8）フリードリヒ・ショアレマー(Friedrich Schorlemmer)。旧東独の市民派野党の中心人物の一人。ルターの町ヴィッテンベルクの司教として、解放後も旧東独の知的良心を代表する存在。

（＊9）ティーアゼ(Wolfgang Thierse)。当時ドイツ社会民主党副党首かつドイツ連邦議会議員。旧東独出身者として、社会民主党のなかで東の人々のスポークスマンの役割を果たしている。一九九八年の連邦議会選挙後は、連邦議会議長。

（＊10）『ズーパー』。オーストラリア資本によって、旧東独地域を中心に売られていた低俗大衆新聞。有名な西の『ビルト』紙にあたる。すでに廃刊。

（＊11）「クリスタ・ヴォルフをめぐる劣悪なお芝居」。その独特の作風で西側でも高く評価されていた旧東独の作家ヴォルフは、一九九〇年に『残るのはなにか』を出し、その中で一〇年前にシュタージに監視されたときの経験を描いている。ところが、それに対して西側のかなりの批評家から、今頃そういうことを得意になって書くとはなにごとか、所詮はヴォルフも国家公認の作家ではなかったのか、といった攻撃がなされ、弁護論もすぐに出たが、全体はきわめて政治色の濃い、覇権争いのような議論となった。

（＊12）ドイツ作家連盟の会長をしたことのあるベルント・エンゲルマンなどの動きのことであろう。彼は西側社会への鋭い批判で知られているが、東西分裂時代には東独側からの要望や工作にある程度応じたかたちで、西独の作家連盟の中で多数派工作などに動いていたことが暴かれ、問題になっている。

（＊13）クルト・ビーデンコプフ(Kurt Biedenkopf)。元大学教授で、キリスト教民主同盟の有力政治家。現在は西から送りこまれて、ドレスデンを首都とするザクセン州の首相をしている。六〇年代後半学生反乱の時代にはボーフム大学の学長として収拾に辣腕をふるったこともあり、冷徹な機能重視の保守イデオローグとしても知られている。

（＊14）旧東独の政権は社会主義統一党(SED)以外に、キリスト教民主同盟などの諸党派が参加していた。彼らは人民議会にも議席を持っていた。しかし、実態は、社会主義統一党のいいなりになっていただけである。そうした党派をBlockparteien〔翼賛政党〕というところから、彼らをブロックフルート吹きと揶揄して言う。

（＊15）先のビーアマンなどのことを指すのであろう。

（＊16）東の解放の引き金になった新フォーラムの人々などが、その後に影響力を失うなかで、あまりにもシュタージの過去にこだわりすぎたことなどを指しているのであろう。

（＊17）グラスはドイツ統一反対論をぶって、袋叩きにあったことは良く知られているとおりである。西の批判的知識人のひとりイエンス(Walter Jens)は、ベルリン芸術アカデミーの総裁になった。

ドイツは普通の国民国家になったのか

解題　一九九二年夏に、旧東独の港町ロストックの郊外団地にあるベトナム人、また南東ヨーロッパのシンティ・ロマ人などのアパートが、一般市民を含む右翼過激派に襲撃された。旧東独は、社会主義国の相互友好の名目でモザンビークやベトナムから、研修の名目で、外国人労働者を導入していた。統一後も、彼らは滞在権を得てはいたが、統一ドイツ政府の本音は、彼らの早期の帰国であった。当時はそのためにベトナム政府とも交渉中であった。帰国の代償に援助をちらつかせる交渉である。この交渉が終わらなければ、ハノイにゲーテ・インスティトゥートを設置しない(今度は、そこでドイツ語を学んできた優秀な技術者をドイツで教育しましょうというわけである)、といったカードもちらつかせながらである。そうしたベトナム人及び、南東ヨーロッパからの庇護権申請者や難民が住むアパートが焼き討ちに合い、ドイツ人のボランティアも含む多くの人々が閉じこめられ、屋根伝いにかろうじて逃げることができた。一部は、すんでの所で死ぬところだったが、ドイツ人ボランティアが携帯電話ではるか遠くの町の親戚を経由してロストックの消防に連絡がつき助かったというエピソードもあった。そうした事態は、取り締まりの機動隊長が一時家に帰ってゆっくりしていたことに象徴されるように、警察や消防が本気で取り締まる気がなかったことを示すものでもあった。実際、警察全体が一時退却したり、消防も手がつけられないという口実で引き下がったりもしていた。その間に右翼やネオナチの火炎瓶がどんどん投げられ、炎が燃え上がるたびに見物の一般市民が拍手をし続けていた。そうした光景は、テレビで全ドイツに放映され続けた。多くの人々は、現場の一般市民の側であったようだ。全体は、当時、政府、与党そして野党の社会民主党内部でも、考慮されていた、庇護権をめぐる憲法改正と関連している。庇護権申請者の「爆発的増大」を理由に民心を煽り、民心の方も、政府に憲法の庇護権条項の変更圧力をかけるといった状況が続いた。

一九九二年一一月九日の、ユダヤ人・ポグロム（帝国の水晶の夜）の記念・追悼式で、哲学者のマンフレート・フランクはこの事態を激しく批判する講演を行った。あのときユダヤ人は、「これが最後だ、これ以上悪くなることはないだろう」と間違って考えてしまった。しかし、今回は後でわれわれが振り返るときに、「ロストックはひどかった。でもあれが頂点で、あれ以上悪くならなくてすんだ」と言えるようにしなければならない、と。そしてドイツの歴史を批判的に回顧したわけであるが、途中で多くの人々が抗議の退席をし、大スキャンダルになった。ハーバーマス自身が訳者に語ったところによると、本来、この講演は彼が頼まれたのだが、ゼミの時間と重なるので、フランクに依頼したとのことである。ただ、ゼミが終わったら行くという約束にしたがって、講演の半ばに駆けつけてみると、会場の方からたくさんの人が出てきて、遅れて入ろうとするハーバーマスに「入らない方がいいですよ。フランクはドイツの悪口を言っていますから」と語りかけたそうである。本稿はそうした背景の下に、庇護権問題（これについては本書所収の「ヨーロッパ要塞と新しいドイツ」の解説参照）や普通の国家論を扱ったものである。ハーバーマスは一貫して、ドイツを移民受け入れ国として定義し、二重国籍を可能とするように提案してきた。この二重国籍案は、一九九八年の政権交代後、日の目を見たが、保守層の総スカンにあい、骨抜きにされてしまった。最近の文章でハーバーマスは「今日、二重国籍に反対し、明日は同性結婚に反対する連中」という言い方もしている。

フランクは、シュライエルマッハーや解釈学の研究で有名な、どちらかといえばアカデミズム内部の哲学者のイメージが強かった。またドイツにおけるフランスのポスト構造主義の理解者・紹介者でもあった。しかし、ドイツでの受容のゆえもあろうか、デリダと決裂し、その頃から、ドイツ内部で政治的にラディカルに変容していった。思想の〈グローバル・スタンダード〉からはちょっと理解に苦しむ現象でもある。

なお、本稿は一九九二年一二月一一日の『ツァイト』紙に掲載された。

フランクフルトのパウロ教会は、一九三八年一一月九日のポグロムの夜〔いわゆる「帝国の水晶の夜」〕の五〇周年記念日〔一九八八年〕以来、哀悼の催しの場となっている。今回の哀悼会では、イグナーツ・ブービス〔ドイツ・ユダヤ人協議会会長〕がロストックを訪れた印象を報告した。彼の話は奇しくもその晩のメイン・スピーカーであるテュービンゲン大学の哲学者マンフレート・フランクの講演のキーワードを用意することになった。

外国人憎悪からまたしてもユダヤ人憎悪が生まれてしまった。フランクは講演で、〔一九三八年と今回の外国人排斥とのあいだに〕偽りの並行関係を見ることはいっさい避けているが、それでも彼の歴史的考察には、一連の赤い糸のようにひとつの考え方が貫かれている。それは、解放戦争〔ナポレオンに対する一八一二―一四年の戦争〕この方ドイツでは、ナショナルな統一と自己主張が、民主主義に根ざした自由の獲得よりも、いくどとなく優先されてきたという考え方である。また、そのことが民主主義についての適切な理解を妨げてきたという考えである。フランクは述べている。「民主主義の本質に関する〔ドイツで〕支配的な理解とは、「政治は街頭の圧力に合わせるべきである」という要求として表現されている」。

このテーゼをフランクは〔保守から野党までの〕すべての政党の政治家たちの発言を引いて証明する。つまり、憲法は国内の気分に合わせるべきであるとする通奏低音を引いている。そのうえで彼は〔歴史的〕比較の手段を選ぶわけであるが、これが多くの市民を怒らせ、彼らが途中で席を立つことになったのである。彼はこう述べる。「ゲッベルスのポピュリズムは、質の良くない国民感情に合わせることがどういうことであるかをうまい文句に纏めている。「国民が単純だから、我々も単純に考えたのだ。国民が幼稚だから、我々も幼稚に考えたのだ」」。もちろんフランクも、民主的に選ばれた現在の政治家をゲッベルスと同じ次元で見ているわけではない。彼が批判しているのはむしろ、庇護権条項に関する議論の背景にある共通了解である。この共通了解は、旧ドイツ連邦共和国〔旧西ドイツ〕で支配的だった憲法についてのコンセンサスとは遠くなり、むしろカール・シュミット的な政治的実存主義に近いものとなっている事態である。彼はこう述べている。「実際の多数派は誤っている可能性も常にあるがゆえに、健全な国民感情なるものが多数派として発言されたとしても、それだけでは正当性を与えることにはならない。〔多数決による〕民主的決定は暫定的正当性であり、そうした暫定的正当性が出て来るのは、原則として無制限な審査検討、そこにおいてはよりよき根拠が勝つ審査検討に対して開かれているからである」。実際問題として、この数カ月における庇護権条項に関する議論は、真に民主的な意思形成という手続き的合理性からひどく離れてしまい、ハンス・ヨッヘン・フォーゲル(*1)の物に動じない発言は、荒野に叫ぶ孤独な声のように聞こえるほどとなってしまった。

フランクの講演は事のあり方を明らかにしてくれるものとなった。それは、この講演をスキャンダルとする反応そのものがまさにスキャンダラスだからでもある。なぜならば、フランクフルト市および市庁舎がその後二週間にわたって公的な怒りの声に包まれたという事実は、決して田舎芝居として無視できることではないからである。すべての政党(緑の党も含めて)がわれ先にこの演説に不賛成を表明し、市長も節を屈し、フランク本人には誹謗の声が浴びせられた。こうした感情的な様子を見ていると、この共和国の最もリベラルな都市のひとつであるフランクフルトにおいてすら雰囲気が逆転していることがわかる。地元新聞はそれ見たことかという意趣返しに溢れかえっている。『フランクフルター・アルゲマイネ』紙（二月一一日）はその気分をこう代弁している。「シェーラー市長ご推薦の講演者がやってくれたことは、ベルリンでの左翼過激派の振る舞いと同じにはずかしいかぎりである。左翼過激派たちは民主政治の代表者たちに石を投げた。この日の講演者は、連邦政府および民主主義の大政党の指導者たちに、汚らしいレトリックを投げつけた。市長は責任を取る気があるのだろうか？」。

すでにずっと前からCDUの基本方針は、「もしも〔共和党の〕シェーンフーバーのやり方が成功を収めるならば、その真似をしよう」というものである。庇護権条項に関する議論を見ていると、この原則がバイエルンの州境を越えて(＊2)、SPD陣営の奥深くにまで信奉者を増やしてきたと見なければ、理解できないところがある。庇護権申請者たちの収容施設が燃え上がり、そのことにシンパシーを抱く住民たちが見物人用にソーセージの屋台を出すようでは、世論工作を仕組む連中にとって国民に対して説得すべく攻勢に出る必要はない。象徴的政治で十分となる。つまり、コストはかからず、事態をなにも変えない憲法改正という政策でいいのである。そうすれば、蠢動するエモーションに対して、「外国人憎悪の問題の根は外国人の側にある」というメッセージを与えることができるのである。

ロストックの事件の後でも、ボンからは道徳的怒りのシグナルも、同情の表明もまったくなされなかった。いっさいの政治的共同体を破壊する衝動が再来したことに対する民主政体としての怒りのシグナルはまったくなかった。首相が怒りの反応を示したのは、ベルリンでの〔右翼過激派反対の〕大行進の妨害者たち〔左翼過激派〕が、世界におけるドイツの名声を傷つけたことに対してだけである。彼にとっては、ドイツの名声を傷つけたというこのことこそが「本当の犯罪」なのである。メルンの〔トルコ人殺害〕事件の後ですら、『フランクフルター・アルゲマイネ』紙（一一月二四日）は、「自分の国への愛があるならば、祖国を恥辱にまみれさせてはならない」といった表現しか思いつかないありさまである。

　右翼テロに対する反応を見ると、つまり、国民の政治的に中道の部分の反応や、政府、官僚組織、政党指導部など上層部の反応を見ると、道徳的‐政治的荒廃がいかに進んでいるかその規模がよくわかる。事件の犠牲者に対して心が配られるのでもなければ、我々の社会におけるシビリティ(Zivilität)の低下が危惧されるのでもなく、産業立地(*3)としてのドイツの評判が心配されるだけである。メルンの殺人事件は国民のあいだに愕然たる思いを引き起こし、トルコ人の犠牲者への自然発生的な同情が広がったが、その事件の後ですら、首相が弔問に行かなかったことの理由として、「弔問観光などより」重要な仕事があったため、と政府のスポークスマンが述べる始末である。問題はスキンヘッズの若者たちにあるのではない。問題は、現場にいないか、いても手を拱いて見ている警官たちにあるし、また、たまたまフランスからやってきたユダヤ人たちの催した右翼反対デモを取り締まるときでもなければ、動きの鈍い捜査当局にあるし、さらには、まことに理解に富んだ判決をする裁判所にある。庇護権申請者の収容所に演習用の手榴弾を投げ込む連邦軍の将校たちこそ問題なのであり、さらには、各政党もそうである。各政党は、庇護権条項に関する無茶苦茶な議論を起こすことで、間違って仕組まれたドイツ統一のプロセスに潜む本当の問題から目をそらさせ、それによって選挙民のなかでもルサンチマンに満ちた無感覚な層と自ら進んで共犯関係を結ぼうとしている。庇護権条項に関する欺瞞的な議論という煙幕の裏で、旧ドイツ連邦共和国は(＊4)〔ロストック事件の一九九二年八月末から一一月にかけての〕この三カ月間で、それまでの一五年間以上に、メンタルな面で深刻な変貌を遂げてしまった。

庇護権問題を論じる公的議論の不誠実性は、すでに定義の誤りから始まっている。我々に必要なのは、彼ら移住民に庇護とは別の法的選択の可能性を開くような移住受け入れ政策であるのに、庇護権の「濫用」という表現そのものが、その事態を隠蔽してしまうのである。政治的庇護と移住権の問題は表裏一体のはずである。しかし、この移住受け入れの規模とか、国別割り当てといった問題について議論を始めようとする勇気を示してくれた者は誰もいない。もちろん、この移住者たちが「歓迎されるべき専門職能の持ち主」たちに限られてはならないことは、教会が正当にも要求しているとおりである。〔移住受け入れという〕このタブー問題に敢えて触れる者たちでも、好んで使う表現は「移住制限」というものである。こうした言い方を聞くと、私の子供の頃使われた「脱脂済み新鮮牛乳」なるものを思い出してしまう。庇護権に関して先週末に〔各政党間で〕なされた妥協案には、先天的欠陥がある。つまり、妥協案の前文では移民受け入れ政策の策定が約束されているのに、本文では全然扱われていないのである。かつては移民を出す国であったドイツは、移民受け入れ国へと苦痛に満ちた変貌を遂げつつある。客観的には我々はもうとっくに移民受け入れ国になっている。だが、我々がこの事実と合理的に関わるためには、まずはそのことを承認しなければならない。

　議論の不誠実さは、広報政策でも認められる。問題に関連するデータの提供は不完全であるし、人を惑わしやすい解釈が広められている。庇護権申請者の数は一九九二年末までに四〇万人に達するとされているが、それに対して例えば二〇万人もの東欧からの移住ドイツ人がいる〔事態が無視されている〕。彼らは、「ドイツ系」ということで、ドイツ国籍取得の権利を持っている。しかし、すでに一九九〇年にオスカー・ラフォンテーヌ〔当時ザールブリュッケン州首相、SPD幹部、左派寄り〕は、こうした有資格ドイツ人などという考え方がそもそもリベラルな憲法の基本原則と嚙み合うのだろうかという問いを出している。しかし、彼のこの議論はなんの影響力も持たなかった。庇護権申請者のなんといっても一番大きなグループは旧ユーゴスラヴィアからであるが、この一〇万人の移住者たちは、戦争難民、内戦難民として扱い、庇護権承認手続きから外し、彼らが暫定的在留権を受けることも可能である。またあまり知られていないことであるが、庇護権申請者の三分の一にのぼる、すでにかなりの期間ドイツに在留している人々は、国際法上の原則があるゆえに、もはや強制退去させることはできない。つまり、大きな数字が並べられるだけで、その現実的な分節がなされていない。しかも、本来ならば、こうした数字に並べて、ドイツ連邦共和国の人口減少に伴って必要となる移民の数が記されるべきである。つまり、この国で人口構成が逆ピラミッド型になって二〇年後に社会保障システムが崩壊しないためには、国民が自分たちの利益のためだけからしても必要とする移民の数のことである。またほとんど議論の種にされていないという点では、外国人労働者が我々の国民総生産のために稼いでくれているその役割だけではなく、旧東ドイツから旧西ドイツへ向けての、統計的には示されていない国内移住のことも指摘しなければならない。これは旧西ドイツ各州の（庇護権申請者や難民の）受け入れ能力にとっていぜんとして相当な負担となっているのだが。

庇護権条項に関する議論が欺瞞と自己欺瞞のあいだの灰色ゾーンに入り込んでいるのは、基本法の改正さえすれば問題が解決できるなどとまことしやかにほのめかされていることになんといっても原因がある。本当のところは、取りうる効果的な措置はそのどれも、現行法の範囲内でできるのである。つまり、基本法の改正などしないでも、すぐにできるのである。庇護権承認の手続きは一審だけに簡略化できるし、各審査期間は四カ月以下に短くすることも可能である。もちろんそのためには、〔庇護権申請の連邦の審査機関がある〕ツィルンドルフの役所の四〇〇〇の定員ポストを実際に埋めなければならない。ところが現在ではこのうち二五〇〇のポストが空いている状態である。それに対して、個人的な庇護権（基本法一六条および一九条）の撤廃は憲法上の理由からしてあってはならないことである。ヨーロッパ全体での調整が終了するまでは、かりに基本法に追加条項をつけるとしてもそれは、ジュネーブ難民協定およびヨーロッパ人権協約が妥当している国ですでに庇護権を申請し、しかも拒否されたケースに関してのみである。庇護権は恩赦のようなものだとか、あるいは制度上の保障であるとか、国境で難民を追い返すべきであるとか、基本権の守られている国のリストを作るべきであるとか、苦情受け入れ委員会設置とか、そういったおしゃべりのたぐいは、まったくもって悪徳商人の能弁と変わりがない。ついでに言えば、こうしたさまざまな手段はそれほど役に立たないはずである。ザイタース氏〔内務大臣〕やシュトイバー氏〔CSUの保守急進派〕も、アメリカ合衆国がメキシコからの不法移住に関して蒙っている経験を思い起こすならば、このような駅馬車陣地のような幻想がいかに無力であるかを知るはずである。東方国境をマジノ線のように固めたとしても、移住をコントロールすることはできないはずである。

こうしたあたり前の真理を専門家は知っているのに、公共の場では否認されている。憲法改正のきわめて問題をはらんだ妥協的表現によってなんとか自分たちの面目を守ろうとした。こうした政治劇が口実でしかないことを理解するには、精神分析学のさまざまな概念が必要なほどである。世界中におきている人口移動という深刻な問題には、どのように対処したところで簡単な解決策はないはずである。この問題がどれほどの次元のものであるかは、〔外国人排斥に抗議する〕ミュンヘンの蠟燭デモの炎が燃えている頃、関係者たちは、ハイナー・ガイスラー〔元与党幹事長、保守のCDUのなかの進歩派〕やダニエル・コーンベンディト〔『故郷バビロン』〕のような、物事を慎重に考える政治家たちによって、とっくに論じられている。本当の問題を基本法改正の問題へと大声を挙げて転化する者たちは、いかなる合理的な解決にも逆らう〈豊かさのショーヴィニズム〉のメンタリティを促進するだけである。政府自身がこうした方向へのメンタリティの変化に取り込まれ、しかもこの変化を政権維持の権力オポチュニズムに利用できると思っている。

そうでもなければ、憲法に対する厚かましい対応は理解できない。憲法上はまったく予想されていないのに「非常事態」なるものを口にし、「庇護保安法」などを作ると予告して野党を追い込もうとする者たちは、新たな種類の政府犯罪の危険を犯している。コール、ゲルスター、そしてシュトイバーといった輩が、憲法に関するコンセンサスからいかに離れてしまっているか、しかもその際に、彼らが安穏としていられるさまは、これほどの猛烈な動きが彼らにいかなる傷跡も残していないことからも見てとれる。ローベルト・ライヒトとかグンター・ホフマンといった幾人かのジャーナリストが、今日では下からのみ機能する憲法擁護の代弁者となっているだけである。次のように述べるヘリベルト・プランテルもそうしたジャーナリストである(一一月六日の『南ドイツ新聞』)[*5]。「ドイツ連邦議会の最大の院内会派〔CDU・CSU〕は、どういう条件の下でなら憲法違反の危険を犯しうるかについて大声で論じ合ったのだ。意識的に望んで、計画的に、しかも正確に計算して憲法の基本原則を無視することが、政治闘争の手段となってしまった」。こんな簡単な見解でも連邦議会の野党は勇気がなくて言い出せないありさまである。政権に参加してさえいればいいような連中〔FDPのことか〕は、規範的実質が問題になるときにはまったく信用できない存在になっているようだ。首相府長官が適当に言い逃れをするだけで済む程度の反対論しか出てこないために、政府犯罪をやってもいいのだという手前勝手なごり押し思考が通っている。憲法の「奥行きをはかる」ためと称して、憲法とは別に単純な立法措置で憲法との衝突を避けようといった思考実験を最近では、リューエ氏〔国防大臣〕やザイタース氏が——たとえそれが野党を脅かすためだけであったとしても——しているありさまである。最近この二人は、憲法改正に必要な多数の支持がなくても、どうやったらユーゴスラヴィアへの連邦軍の軍事投入が可能だろうか〔派遣法〕、またポーランド国境での、本来は連邦国境警備隊の管轄である仕事に連邦軍を使うにはどうしたらいいだろうか、と随分と人声で相談し合っていた。これらは、気分の変化を知らせる徴候であるが、それ以上のものであろう。私が恐れているのは、メンタリティの断絶がはじまっているように見うけられることである。

旧ドイツ民主共和国〔東ドイツ〕で昔ながらの〔他者や外国人への〕ステレオタイプ的思考が蘇ってきたことには、納得のいく理由がすぐに見つかる。国家統一が、拡大された連邦共和国にとってリベラルな政治文化の拡大・深化につながらないであろうことは、予想されたし、またそうした予想は言論として発言されていた。古い資本財の価値を無効にし、新しい生産能力を作りだす「創造的破壊」というあの苦痛に満ちたプロセスは、普通は限定された地域で、しかもロング・レンジで起きることなのである。ところが通貨統合による断絶に伴い、この創造的破壊のプロセスは、世界市場から切り離されていたDDRの経済と国民にいっさいの差別なく強烈な一撃を与えることになった。信託公社による人民の財産なるものの投げ売りには、産業資本財の価値の無効化が集約的に象徴されているし、大量失業という無名の運命には、何世代もの人々の人生という資源の無効化が見られる。またアカデミーや大学の整理や、メディアの画一化には、知的財産の価値の無効化がはっきりしている。この知的財産の無効化は、かつて言葉の力において強かった者たち〔東ドイツ時代の反体制派〕の信用低下が勤勉に推し進められた結果、彼らが沈黙してしまったことにもなんといってもはっきり現れている。いわゆる文学論争と言われているもの(*6)は、その目的を達したのである。これらすべてに加えて、国家社会主義の檻のなかできわめて「ドイツ的な」メンタリティが西ドイツにおいてよりも保存状態がいいことも考え合わせるならば、社会的抗争であっても、野球のバットで自動車をぶちこわし、街頭闘争をする青少年の徒党であっても、いやそれどころか右翼急進主義の存在であっても、決して驚くにはあたらない。そして、我々が認めなければならないのは、こうした暴力への傾斜が生じるような環境が変わるには、「状況」が変わらなければならないのであり、たしかにそれは、一日や二日で変わるものではない。だがわが国の西側はそれとは違う。西側では状況が変わったのではなく、水門が開かれたのである。

変わったのは、民主主義的な公共圏の循環回路のなかに組み込まれている調整装置や限界値である。住民の五分の一がこれまで考えたことはあるかもしれないが、公共の場では述べたことのない、なんとも言いようのないひどいことどもが、堰を切って溢れだしている。こうした限界値の低下は、家庭や学校が駄目だからといったことでは説明できない。青少年たちに問題があるのではなく、問題は大人たちにあるのだ。暴力を振るうその核に問題があるのではなく、そうした核が育つ殻に問題があるのだ。旧西ドイツの諸州においては、社会的状況が変わったというよりも、その状況をどう知覚するかの、知覚の仕方が変わってしまった。知覚というのは、解釈された知覚しか存在しない以上、その解釈にこそ目を向けるべきである。それでは、一九八九年以降、解釈のどういうところが変わったのだろうか。未来への不安が増大しただけでなく、集団を頼りにし、集団の中に溶け込みたいという態度が増大したのである。

エンツェンスベルガーに言わせれば、ドイツ連邦共和国は、「生きていくための欺瞞(Lebenslüge)」にとりつかれている。彼がその意味を良く承知の上で言っていることはまちがいない。生きていくための欺瞞とは、とにかく生きていくのに役立つゆえに常態化した病理現象のことである。アデナウアー時代に上から打ち出され、我々が当時手を焼いた「生きていくための欺瞞」は、「我々は皆民主主義者である」というものであった。この欺瞞を打ち破るのに連邦共和国は長い時間がかかった。この欺瞞がもたらす社会心理上の荒廃から解放されるには、青少年の反乱〔一九六七―六八年の学生反乱〕が必要であった。一九八九年以来、二番目の「生きていくための欺瞞」が生まれつつあるとするならば、それは、我々はずっと再統一を望んでいたという幻想であるよりも、むしろ、「これでようやく普通になった」という確信である。「旧連邦共和国からの訣別」という両義的な表現の裏には、ある種の安堵の感情が潜んでいる。この「訣別」なるものには、奇妙に非合理的な解釈がたっぷり込められている。「我々は再び普通の国民国家になったのだ」という、ほっとしたような、勝利感のこもった確認の仕方は、まさについ最近大きくもてはやされた「連邦共和国のサクセス・ストーリー」なるものが本当は「特殊な道」だったのだと思えてくるような、そうした物の見方をするように、まことしやかに誘いかけている。つまり、我々は片隅に安住していてはダメである、いつまでも無理して道徳的な模範的生徒であり続ける必要はない、厳しい現実を避けているわけにはいかない、ヨーロッパにおける指導的役割を演じることを恐れてはならない、等々といった見方である。

「特殊な道」のテーゼをこのように気のきいたかたちで逆転させる議論の雄弁な代表者になっているのが、アルヌルフ・バーリング（政治学者、ベルリン大学教授）である。マルティン・シュライヤー財団での講演（財団刊行物第三六巻、シュトゥットガルト、一九九二年）でバーリングは、新しいドイツの利害状況について論じ、それは実は大昔の利害状況に戻ったのである、と述べている。「我々は今なお、ということは、一九九〇年以降再びということだが、ビスマルクのドイツに生きているのだ」と。彼は続けて、ドイツはもはや純粋に西ヨーロッパの国ではなく、ヨーロッパの中央に位置しているのだと述べている。それゆえに我々の置かれることになった立場というのは、「今世紀のはじめに我々が二回にわたって暴力により強引に獲得しようとしたものである。つまり、ドイツをヨーロッパにおける相対的な大国として確立することである。一九四五年以前には我々は、こうした我々の意思を、力を使って押し通そうとした。やり方がきわめて不器用であったことは、認めざるをえない。しかも結果において破局的な結末をもたらしてしまった。ところが現在、我々は、逆の間違いを犯す危険に曝されている。つまり、状況が我々に課している新たな課題を拒否する、つまりは、より大きな責任を拒むという危険に曝されている」。我々はふたたび自分自身の利害を自覚することを学ぶべきであり、同胞市民たちに頑張ってもらうことを、そして、健全な国民的感情を育てることを学ばねばならない、というのである。我々は、「我々の歴史のより一層深い理解を獲得し、我々の歴史に対する今までとは別の関係を持たねばならないし、……一九四五年に戻るよりも、もっと遥かにさかのぼって物を考えねばならない」。ドイツ国民国家という普通の状態は、社会的空間の拡大を意味するだけでなく、一時切断された時間的連続性の再建だとされる。振り返って見たときに、旧連邦共和国は「アデナウアーのライン同盟」[*7]であるかのように見え、それは世界に開かれた共和主義的な性格によってビスマルクの国家をいくらかでも豊かにしたと言える程度のものでしかない。新生ドイツは、最初の二回の試みのときのように、不器用なやり方をしてはならない、というのだ。新しいドイツは、二〇、三〇、場合によっては四〇の構成メンバーから成るヨーロッパの国家連合のトップの位置につくべきであるとされるが、しかし、自分たちの通貨には固執せねばならない、というのだ。「なぜならば、ドイツ・マルクは単に支払手段であるだけではなく、われわれの自信のシンボルでもあるからである」。

　こうして歴史主義的な細やかさを伴い、多面的な輝きを帯びさせられたドイツ・マルク・ナショナリズムは、かつての外交優先の時代を思い出させてくれる。またトライチュケ(＊8)的感覚の現実政治(レアルポリティーク)を再び誉れあるものにしようとしている。そして、このドイツ・マルク・ナショナリズムは(つい最近まで)我々の外務大臣の筋肉隆々を誇示するような文章にも流れ込んでいる。すでに湾岸戦争への軍事的参加を支持した連中の抱いていた普通の国家への欲望のうちに、このドイツ・マルク・ナショナリズムは露呈していたし、また現在ではマーストリヒト条約反対や、西欧に根をおろしたECへの抵抗にも現われている。

　だが、当然のことながら、「我々はようやくまた普通の国民国家になった」ということの設定自身がそれほど得心のいくものではない。こうした設定は、一九世紀のイデオロギーの残照を受けた国民国家などが今日でもまだ存在するかのようであるし、そこには、政治的・経済的な相互依存の網に他のどんな国家よりも深く取り込まれている新旧ドイツ連邦共和国を、こんな古めかしい過去の模範に合わせた姿に刈り込みうるかのような発想がある。

お偉いさんのいる上の方の階には、「歴史へと呼び戻す」(カール・ハインツ・ヴァイスマン)声の響きが届いている。ヴッパータールの劇場では、ハインリヒ・ハイネの歌と詩が、ナチスの詩人ハンス・ヨースト(ヨーストの)「シュラーゲター」(フランスのルール占領に抵抗して死に、ナチスによって聖人化された)」のテクストの飾りにされている。新聞の学芸欄担当者たちは、フランクフルト(保守的な『フランクフルター・アルゲマイネ』紙のこと)から全国(地方紙の学芸欄など)に散開して、旧ドイツ連邦共和国の文学の切り崩しにもうずっと前からとりかかっている。彼らは青年保守派の黴臭い衣装箱からサーベルをがちゃつかせるような思想を持ち出してきて、それを身に纏い、また六八年世代に意趣返しを試みている。中層部分の階では、発言も少し乱暴になっている。ペーター・スベルク(*9)に集まった党中枢部の意向にSPDの党員たちがあえて反対を唱えた「地区代表民主主義」(SPDの臨時党大会を嘲笑した保守派の表現)について、『フランクフルター・アルゲマイネ』紙の社説は、こうした「地区代表民主主義」の影絵のような世界は「心情倫理の譫妄状態」だと述べ、こうした非民主的事態なるものは、「ドイツの特殊な道」で説明できるとする、驚くべき議論をしている。「世界における大きな対立の陰で西ドイツでは、日常のユートピア主義の文化が繁茂した。……世界の動きにドイツの政治が及ぼす影響の度合いは考えられるかぎり少なかった。それゆえに、保護された片隅でグローバルな責任を気安く引き受けていられたのだ」。一番下の階で起きることはもちろん上の方に居るお偉方にはぞっとすることではあるが、そこでは右翼のロックが素直そのもののメッセージを届けてくれる。「我々の権利、これこそとっくに問題なのだ／こんな愚劣な苦しみからの解放を我々は遂げるのだ……。我々は自分たちの人種のために闘うぞ／ドイツ民族よ、汝の質の高さを見せてやれ」と。

ドイツの大都市の街頭では当然の抵抗運動が起きている。外国人への憎悪や反ユダヤ主義に決然と、そして本物の反対運動をしているのは、庇護権改正をめぐるまやかしの議論の提案者たちではない。被害者に同情を示し、民主主義の立場からの怒りを表明しているのは、政治的エリートたちではない。憲法パトリオティズムによって行動しているのは、官僚たちではない。実際には、クラウス・ハルトゥングが述べているように、左の、またリベラルな大衆という底辺的基盤こそが、ひどい解釈変えを蒙ったベルリンの〔外国人排斥反対の、半ば官製の〕大デモ以来、またとくにメルンの虐殺以来、上からの心のこもらない曖昧な反応に終止符を打ったのである。ミュンヘンの〔外国人排斥反対〕デモが示しているように、八〇年代に成熟してきたプロテスト・カルチャーはすでに広汎な層を吸収している。このプロテスト・カルチャーを動かしている政治的衝動ははっきりしている。旧ドイツ連邦共和国において習得され、なかば自明のものとなった、人間どうしの市民的な交わりのスタンダードを彼らは守ろうとしているのだ。住民たちの方が、彼らの政治家や代弁者たちよりも上等なのである。彼らのポリフォニックな抵抗は、旧ドイツ連邦共和国におけるあのよりよき伝統、つまり、今日またしても模範として持ち出されている「普通性《ノーマリティ》」なるものから反省的に離れることによって成立した、あのよりよき伝統を継続するものである。

こう述べたからといって、東ベルリンやヴィッテンベルク(＊10)の友人たちに誤解してほしくない。彼らは複雑な気持ちを抱く理由などない。さもないと、首都をどこにするかをめぐる議論のときと同じ間違った陣営分けができあがってしまう。あのときにはそのために真の対抗軸が隠蔽されてしまった。首都決定に関する議論は拡大された共和国の自己理解をめぐる論争ができなかったため、その惨めったらしい代理論争でしかなくなってしまった。連邦共和国にシビリティを増大させるための闘争を続けるのは、自分たちの既成の財産に固執するような人々ではない。東側の同胞たちの生活世界が残酷なかたちで根こそぎにされていくのをなにも感じずに見ているだけで、自分は片隅の幸福を夢見ているような人々には闘争の継続はできない。むしろ、このシビリティ増大の闘争が一層必要になったのは、経済的近視眼と行政的ゴリ押しで進められた統一のために、共和主義にもとづく新たな建設が圧殺されてしまったためである。この新たな建設をやり直すことはできないまでも、少なくともそのときの怠慢を相殺しなければならないからである。今日では、統一にあたってスタートを急ぎ過ぎ、規範性を無視した欠陥のつけが回ってきている。ショイブレ〔CDU院内総務〕がクラウゼ〔元CDU議員、当時、右翼の共和党に転向〕の姿に化けて自分自身との間に結んだあの統一条約というみっともないシンボルは、憲法論議を通じて公共の場で作られねばならぬ社会契約の代替となるものではない。当時政府にあって統治する連中は、民族同胞からなるネーションに曖昧な共通文化(Sittlichkeit 人倫、習俗慣習)を前提し、それを頼りにしたため、国家公民(Staatsbürger)からなるものとしてのネーションの意識的な意思形成を避けて無理に進んでしまった。しかし、生活水準の西側水準への同質化をめぐるレアリスティックな展望は、エスニックな共属性や歴史的運命への服属といった感情に解消することなどできないのであって、むしろ、〔生活水準の均質化という〕憲法上の要請にもとづき、その帰結をオープンに議論するような共和主義的意識のなかでこそ生かされるのである。

右翼の暴力の犠牲者たちの棺の背後で、共和主義的意識がふたたび目覚めだしているようだ。この意識においてこそ、真の対立の線が見えてくる。オピニオン・リーダーたちや政治家たちは、古くなった対立構図を抜け出せないがゆえに、この真の対立線を概念化することができていない。左翼と右翼の暴力を〔どっちもどっちの〕均等なものと見せようとして彼らがする議論のアクロバットを見るだけで十分というものである。あるいは、知識人用の新聞雑誌でなされている議論でも、ぞっとするほどの内容である。左翼に対する〔保守派側からの〕いんちきの追悼の辞は最良の場合でも、左翼自身の議論から養分を得ているにすぎない。非共産主義的左翼は十分に生命力があり、彼らの物置きにあった歴史哲学の遺産を適切な時点で捨て去っているし、また、他の連中の悪意に対抗してユートピア的エネルギーを守りえている。左翼のいったい何が残るだろうか、という問いは、それ自身が珍しいほどの知覚の貧弱さを示している。左であるということは、例えばリタ・ジュースムート〔連邦議会議長〕とハイナー・ガイスラー〔ともにCDUの良識派〕が、彼らのこれまでの党仲間とは違っていることに気がつく区別の能力を持っている、ということである。

実際に政治の場に新たなフォーメーションができつつある。それは左翼が解体したからではない。そして、旧ドイツ連邦共和国の時代に自分たちの「警告主義」が功を奏し、メンタリティの形成に寄与したことを誇り高く回顧するだけの存在になっているからではない。新たなフォーメーションが形成されつつあるのは、リベラル保守陣営が分裂しつつあるからである。反共という点でリベラル保守を結びつけていた帯が切れてしまうと、〔右翼の〕共和党員たちは、習慣として共和主義を身につけている者たちから離れていく。そして後者の人々は新しき岸辺を求めて出発するのである。今やリベラル派にも、法共同体における自由を保障する手続きに関する、とっつきにくい概念で考えるのを嫌い、むしろ民族としての集団的自己主張という社会ダーウィニズム的議論で使い古されたイメージによって心を温めるのを好む連中が出てきている。そうした連中からリベラル派は離れなければならない。今こそ見解が分かれるべきときである。〔左翼の〕「警告主義」についてどう言おうと勝手だが、二回目の六八年が生じたとしても、この連邦共和国が二回目の「生きるための嘘」から目覚めることはないのではないかと、私は恐れてしまうのだ。

訳注

（＊1）Hans Jochen Vogel　元SPD党首。首相候補になったこともある。庇護権をめぐる議論においては党内の取り纏めに動き、基本原則の維持に腐心した。

（＊2）バイエルン州のキリスト教社会同盟(CSU)は、連邦議会でCDUと院内会派を作っているが、シュトラウスの時代以来、伝統的にCDUよりも右よりであり、現在の党首のシュトイバーなどは、その伝統を体現している。

（＊3）生産拠点を大企業が海外に移す傾向にストップをかけ、同時に外資を呼び込み、雇用の増大もめざすために、「産業立地としてのドイツ」という政策が、九〇年代に入ってから強調されていた。外国人排斥運動が燃え盛れば、外資がドイツへの投資にためらう、という心配は政府側に強かった。

（＊4）統一前の西ドイツのことを、あるいは旧西ドイツ地域のことを「旧連邦共和国」とする言い方が定着している。

（＊5） ドイツには公安関係の役所として憲法擁護庁というのが存在する。主として左翼過激派が取り締まりの対象であった。ここでは、憲法擁護を普通名詞的に護憲の意味で使いながら、上から取り締まる役所ではなく、日常の中からの護憲的発想の重要性を暗示する意味で、憲法擁護庁という固有名詞と引っかけている。

（＊6） 壁の崩壊後に書かれた東独の作家クリスタ・ヴォルフの小説『残るものはなにか』をめぐってなされた評論家たちの論争。一〇年前に国家保安警察に監視された経験を書いた原稿を元にした作品であるが、壁が開いてから出したことの道徳的政治的な是非をめぐって、一九九〇年夏から秋にかけて、文壇を越えた大議論となった。東独の反体制知識人たちに対する、彼らも所詮は社会主義者であったとか、あるいは彼らは体制の中で妥協していたといったリゴリスティックなその後の批判の先鞭をつけることになった。

（＊7） 第一次大戦後、ケルン市長だったアデナウアーは、ラインラントのプロイセンからの分離独立を主張した。元来、同地方はカトリックが強いこともあり、ベルリンを中心とするプロイセン主導のドイツ帝国に対する根強い反感があった。

（＊8） Heinrich von Treitschke(1834-96). 小ドイツ主義による第二帝政のイデオローグ。当時は広く読まれた。

（＊9） 庇護権および連邦軍のＮＡＴＯ域外派遣に関して政府与党との妥協に向けて「現実主義的」政策への転換をはかるべく、当時のＳＰＤの党首エングホルムは党幹部をボン郊外のペータースベルクに集めて会議を行った。そこで表明された方針転換が秋に党大会にかけられたこと。党大会は、域外派兵に関しては、これまでの反対の党是を基本的に変えなかった。

（＊10）旧東独の町。ルターの宗教改革の発祥で知られる。東独時代にはショアレマンのような、プロテスタント教会による反体制派の拠点のひとつ。

ヨーロッパ要塞と新しいドイツ

解題　統一後のドイツでは外国人、特に肌の色の違う外国人への攻撃が激しくなった。旧東ドイツのホイヤースヴェルダを皮切りに、ゾリンゲン、メルン（この二つは旧西ドイツ）、そしてロストックと外国人労働者の住居や庇護権申請者の仮住まいへの焼き討ちが相次いだ。被害者もトルコ人、旧東独地区のベトナム人と、それぞれの事情は異なる。また、現在までも外国人への暴力沙汰は後を絶たないが、特に九二年、九三年時点では、いわゆる庇護権申請者の数がふくれあがるのに応じて、襲撃の頻度も増えていった。政府は「船はもう満員だ」という口実の下に、庇護権を申請する経済難民を国境で撃退するために、庇護権を定めた憲法一六条の改正を企てた。たしかに改正後は、庇護権申請の数はドラスチックに減少し、それに合わせて右翼・ネオナチによる襲撃も、いくぶん緩和され、表面的には静かになっている。だが、ナチス時代の経験も踏まえて、基本的人権として憲法に成文化を見ている庇護権をさまざまな方策を用いて制限する改正には、大きな反対の議論が巻きおこってもいた。もちろん、国会の多数勢力、そしておそらくは国民の多数派は、一定の改正に賛成だったので、反対の議論は、人権概念の理論的深化を見ただけではあったが。本稿は、改正に反対して書かれ、『ツァイト』紙の一九九三年五月二八日に掲載された。

なお憲法改正の骨子は、(1)ＥＣ諸国及び、難民保護の諸協定の適用が保障されている国々を経由してドイツに到着した者は、法的な請求権の確認手続きを認めずに、滞在停止措置を取る。ＥＣ諸国以外で、上記の条件に当てはまる国のリストは、連邦参議院の賛成も必要とする法律によって定める（これによって事実上、東欧圏の多くの国々を経由してきた者も、強制送還することができるようになった）。(2)政治的迫害がなされていないと想定される国のリストを、連邦参議院の承認を必要とする法律によって定める。こうした国々出身の外国人は、原則として、政治的に迫害されていないとの推定に基づいて、庇護権条項は適用されない。

なお、文中のハーバーマスの〈倫理的〉という用語について一言。彼は、普遍主義的な形式的道徳規範に対して、倫理的・文化的価値というように区分けをする。つまり、元来のギリシア語の意味にもあるとおり、〈倫理的〉を、ある共同体の中の、風俗・習慣・メンタリティといった意味でとらえる。その意味では文化的アイデンティティの構成要素でもある。だが、こうした実質的な側面は、形式的な普遍主義的規範（人権、法の前の平等、平等な政治的参加権など）と緊張関係に立つこともあれば、ドイツにおけるアウシュヴィッツの過去への記憶のように普遍主義への回路となることもある。

庇護権および移民受け入れに関する政策の比較研究をしたオランダのある専門家は、偽るところなく次のような予測をしている。「西欧諸国は、人口流入を押しとどめるべく、政治的に可能なありとあらゆる手段を、一国単位でも、また相互に協力しても、行使することになるであろう」。流入防止の政治は、西欧の住民の多数派の歓迎するところである。

こうした政策のひとつの動機である外国人への敵意というモチーフに関しては、世論調査によると、ＥＣ諸国のあいだでもその度合いには相違がある。しかし、〔流入防止という〕政策自体への態度に関しては、ドイツ人の答えはフランス人やイギリス人のそれとそれほど大きな差はない。私はまずは規範的な観点から、こうした閉鎖政策が正当かどうかについて答えを試みてみたい。

近代の憲法国家はどれも、いくつかの同じ普遍的な原則を体現している。だがまた同時に、こうした憲法国家には、ある特定のネーションの政治的意思や生活形式が反映されてもいる。それゆえに次のような問いが生まれてくる。つまり、イミグレーションへの要求といっても、それが〔受入れ側の〕政治的共同体が自分たちの政治的・文化的生活形式の無傷な存続を望む権利に衝突するとしたら、限定されてしかるべきではないかという問いである。また、自己決定への権利〔自決権〕は、国家公民からなるネーションが自己のアイデンティティを主張する権利も含んでいるのではなかろうか、しかも、こうした歴史的に生い育った政治文化の相貌を変えてしまいかねないような人々の流入に直面したときにもそれが言えるのではなかろうか、という問いである。

受け入れる社会の側のパースペクティヴからは、人口流入の問題は、〔彼らが自分たちの社会に〕加入するための正当な条件は何なのかという問いを投げかけている。まず最初の問題は、民主主義的法治国家は、自分たちの市民の生活形式が無傷に存続するために、流入してくる人々に同化を要求しうるのは、どのような点に関してであるのか、という問いである。私は次のように同化の二つの段階を区別してみたい。

第一段階で要求されるのは、憲法の諸原則への同意である。ようするに、受け入れ側の社会において市民の自律がどのように理解され、また「理性の公的使用」(ロールズ)がどのように実践されているか、その仕方に同化することである。第二段階は、もっと大幅な文化的同化への用意を必要とする。移住してきた人々は、移住先の多数派の文化の生活様態、実生活のあり方、習慣などに馴染もうという気が必要である。これは、倫理的・文化的統合の次元にまで影響をおよぼす同化であり、それによって、政治的な同化よりも、より深刻に出身文化の集団的アイデンティティに抵触する。

ところで、民主主義的法治国家においては、すべての市民を包括する政治文化の次元と、一国家内部のさまざまな下位文化の統合の次元とは切り離して考えねばならない。それゆえ民主主義的法治国家は、移住民からは、政治文化への同化をのみ要求することができる(そして実際問題としては、第二世代にそれを期待するのがよかろう)。このようにして民主主義的法治国家は、政治共同体(Gemeinwesen)としてのアイデンティティを維持することができる。これは、移民の流入によって傷つけられてはならないものである。というのも、このようなものとしての政治共同体のアイデンティティは、政治文化に根ざした憲法上の諸原則に依拠しているのであって、当該の国で支配的ななんらかの文化的生活形式がもつ集団の基本的倫理によっているものではないからである。移住民に対しては、彼らが新しい故郷の政治文化に対応する用意があることを期待してしかるべきである〔第一の同化〕。だからといって、それは彼らの出身文化の生活形式を放棄することにはならないのである。たしかに、民主主義的な自己決定の権利は、受け入れ社会に元から住んでいる市民たちが、自分たちの政治文化の性格を守ろうとする権利を含んでいるにはちがいない。この政治文化こそは、おたがいに関係のない下位文化に社会が分解するのを防ぐものだからである。ついでに言えば、このような意味での法治国家への統合は、原理主義的な傾向を持った文化が移住して来るのを認めることができない。なぜなら、それぞれの共同体は、善とはなんであるかについて別の共同体とは異なった考え方にもとづいて統合されているが、誰もが、そうした共同体の一員としても、他者と同じに尊重される権利を有するからである。だがまた、受け入れ国側で支配的な文化的生活形式の自己主張を尊重するあまりに、共通の政治文化を越えた同化を要求することは正当ではない。

　とはいえ、このような原則を立てて、当初は政治共同体のアイデンティティが維持されたとしても、それが〔移住民からの影響で〕長期的には変化を受けないで済むことが保証されているわけではない。移住してきた人々も、彼らの固有の伝統を放棄するように強制されてはならない以上、イミグレーションの波の結果として、〔受け入れ国内部には〕新しいさまざまな生活形式が定着し、それによって、市民たちが自分たちの憲法上の諸原則を解釈する地平も拡大する。そこでは、能動的な国家公民権〔国籍〕保持者の構成が変わることによって、国家公民たちの倫理的・政治的な自己理解をめぐるディスクルスのコンテクストも変じて来る——そうしたメカニズムが当然発動される。

民主主義的な法治国家が、移住民の受け入れのために要求しうる条件については、この程度にしておこう。だが、いったいどういう人々が移住の権利を持っているのだろうか。なによりも今日の状況を考えると、この問いが出て来ざるをえない。移住意欲の方が、受け入れの用意を明白に上回っているからである。

政治的庇護の権利が個人的な請求権であることには、良き道徳的根拠がある。また、内戦地域からの難民が、期間を限定された庇護を受ける権利に関しても、議論の余地はない。だが、一九世紀における世界的なイミグレーションの爆発的な増大以来、移住しようとする膨大な人々は、故郷の貧しい生活からの脱出を望む労働移民や貧困難民から成り立っている。それは今日でも変わらない。東や南の貧しい地域からのこうしたイミグレーションに対して、ヨーロッパの豊かさのショーヴィニズムが武装しているのが現状である。

人々は普通の場合には、大変な貧困のゆえでなければ、自分たちの生まれ故郷を離れないものである。彼らが助けを必要としていることを証明するためには、たいていの場合は、難民になっているという事実だけで十分である。こうした助けをする道徳的な義務は、特にますます相互依存を高めつつある世界社会(Weltgesellschaft)の状況から生じている。資本主義による世界市場および電子メディアによる大量のコミュニケーションによってこの世界社会は緊密になり、今日のソマリアに見られるように、この地球上における生命の安全に関する政治的な全体責任とでもいうものを、国連が引き受けてしまっている。また、植民地化の歴史や、資本主義的な近代化の侵入によって地域文化が根を失ってしまった歴史を考えると、第一世界にとっては、特別な義務が発生する。さらに、一八〇〇年から一九六〇年までの時期の大陸間の移住の動きに占めるヨーロッパ人の比率は八〇パーセントであり、圧倒的に多かった。そしてこの移住者たちは得をしている。彼らはヨーロッパ以外からの移住民との比較においても、また故郷に残った同胞と比べても、移住によって自分たちの生活条件を高くすることができたからである。彼らヨーロッパ人の故郷の国々も、一九世紀および二〇世紀のエクソダスによって自分たちの経済的状況を良くすることができたし、また第二次世界大戦の後の再建の時期には、ヨーロッパの外からの〔労働〕移民のおかげで、ヨーロッパ諸国は得をしている。どちらにしてもヨーロッパは〔一八〇〇年から一九六〇年までの〕この期間にわたる複数の移住の流れから利益を得ている。

裁判によってその回復を要求しうる個人権として移住権が正当化されるのは、もちろん、このような一般的な道徳的理由からではない。とはいえ、こうした理由から、豊かな社会が自己のキャパシティを考えながらコントロールされた寛大な移民受け入れ政策を採用する義務が生じる。「船はもういっぱいだ」という拒否的なスローガンは、相手側のパースペクティヴにも立ってみようという用意がないものと見ざるをえない。人口が減っているために経済的な理由からして依然として外国からの移住に頼らざるをえないヨーロッパの社会において、もうこれ以上受け入れは不可能であるという限界まで来ていないことは、確実である。リベラルな移民受け入れ政策をこのように道徳的に根拠づけると、移住者の内訳の設定を受け入れ国の経済的必要性という基準に限定してはならないこと、つまり、「歓迎すべき専門家」にかぎってはならないという義務も生じる。むしろ、当事者全員の観点から承認しうる基準にしたがって、内訳を確定しなければならない。

このようないくつかの原則にもとづいて考えたとき、政府とSPDの妥協によって成立し、今週〔一九九三年五月半ば〕連邦議会で審議される庇護権に関する〔憲法改正〕案は、規範的には正当でないことになる。この案には三つの重大な誤りがあり、またひとつの間違った前提がひそんでいる。

(a)改正によって予定されている規則は、政治的庇護にのみ限定されている。つまり、庇護権の「濫用」を防ぐ措置にのみ限られている。ところがこれでは、庇護権以外の法的オプションを移住希望者に可能とするような移住受け入れ政策を、この連邦共和国が必要としている事態が無視されている。移住民の問題は、間違って定義されることになり、これは深刻な帰結を伴うであろう。政治的庇護権と窮乏難民の問題との関連を断ち切る者は、この世界の窮乏地域からの難民に対してヨーロッパがもつ道徳的責任を担う気のないことを、間接的に明言することになる。そういう人は逆に、コントロールも不可能な非合法の入国が増えることを代償として覚悟しているのである。そしてこの非合法入国はまたいつなんどき、「庇護権の濫用」として内政上の目的にあわせた道具的利用の対象となるかわからないのである。

(b)憲法一六条にa項を補充するという予定は、政治的庇護は個人的な請求権であるとする「本質的内容」(＊1)を空洞化するものである。というのも、変更後は、いわゆる安全な第三国から到着した難民は、いかなる法的救済も受けないままに〔当該の第三国に〕送り返すことができるようになるからである。これによって、東欧からの移住民の負担は我々の隣国が肩代わりさせられることになる。まずはポーランド、チェコ共和国、スロヴァキア共和国、ハンガリーなどであるが、それらの国々は、現在の状況ではこうした問題を法的にまちがいの余地のないかたちで処理する備えがほとんどできていない。また、ドイツ連邦共和国の観点から見て「迫害のない」国として分類された国々からの難民に対して、権利保護条項（＊2）〔個人的請求権に基づいて裁判に訴える権利の保障〕の制限がなされていることも、問題である。

(c)庇護権に関する現在の妥協案は、市民権獲得に関する法律の変更を拒否している。ドイツにすでに定住している外国人、特にかつて募集に応じてやって来た「外国人労働者《ガストアルバイター》」なる人々が国籍取得をしやすいようにしていない。彼らは理解できる理由から二重国籍が望ましいと思っているのだが、それが無理になっている。彼らのドイツで生まれた子供たちですら、現状では問題なく国家公民権〔国籍〕が取得できるというわけではない。それに対してドイツ系であることを証明できるポーランド人やロシア人たちのような、いわゆる民族ドイツ人は、市民権獲得の権利を基本法で保障された権利として持っている。

(d)庇護権に関するわが国の政策は、ドイツ連邦共和国が移民受け入れ国ではないという前提に立っている。しかし、それは歴史的事実に反している。たしかにアメリカに向けただけで一九世紀初頭以来、ほとんど八〇〇万のドイツ人が移住している。しかし、最近の一〇〇年間には同時に、ドイツへの大量の移住の流れが生じている。第一次大戦までに一二〇〇万の労働移民がドイツに来ている。第二次大戦は、一二〇〇万のいわゆる故郷喪失者

(displaced persons)を残した。主として強制労働のためにポーランドやロシアから連行されてきた労働者たちである。こうした外地労働者導入政策の路線を受けて、一九五五年には南ヨーロッパおよび東南ヨーロッパからの安価で、独身の男性労働者の導入が始まったのである——それは、一九七三年の導入中止まで続いた。

今日では、こうした「外国人労働者《ガストアルバイター》」で帰国しなかった人々の家族や子供たちがドイツに暮らしている。移民政策によって市民権を得る明確な展望のない移民というパラドクシカルな状況のなかで、つまり外国のパスポートを持ったドイツ人という状況のなかで彼らは暮らしている。一九九〇年現在で、ドイツ連邦共和国に暮らしている八・二パーセントに達する外国人の相当多くを占めている。こうした外国人の存在がなければ、比べられる相手といえば日本しかない我々の経済成長はありえなかったのであり、彼らを完全に統合すること〔二重国籍取得の門戸を開くこと〕への抵抗は理解できない。しかも、旧ドイツ連邦共和国は他方で、ドイツ人もしくはドイツ系の難民を一五〇〇万人も「新市民」として迎え入れたことを思えば、この抵抗はますます理解できない。

移民受入れの問題に関するこのようなさまざまな欠陥を理解するためには、ドイツにおいては文化と言語を中心として自己理解がなされてきた、という歴史的背景を見なければならない。ドイツにおいてはこの前の戦争の終わりまで、次のような微妙な区別をつけていた。それは、ドイツ人としての出自を持つ国家公民としての「ドイツ人」、ドイツ人以外の出自をもつ国家公民としての「帝国ドイツ人(Reichsdeutsche＝帝国臣民)」、それに外国にいるドイツ系の人々である「民族ドイツ人(Volksdeutsche＝同胞ドイツ人)」の三種の区別である。フランスでは統一した領土を持った国家の枠内での国民意識の形成が可能であった。それに対してドイツでは、「文化国民」(＊3)というロマン主義的で教養市民的な息吹きをもった理念と国民意識が結びつくことになった。この「文化国民」という理念は、小国乱立という現実を越えるためには、言語、伝統、出自の共通性に拠り所を求めざるをえなかったための、幻想の統一を表していた。

フランスでは民主主義的な市民の権利の獲得と並行して国民意識が発展できた。それはまた自国の王の主権に対する闘争を通じてでもあった。それに対して、ドイツのナショナリズムは、民主主義的な市民の権利の奪取とは無縁に、ナポレオン、つまり外国の敵に対する闘いから生まれている。この点は「文化国民」の理念よりも、もっと深刻な影響を与えている。このような「解放戦争(＊4)(Befreiungskrieg)」の結果として生まれたドイツの国民意識は、自分たちの文化と出自は特別なものであるというパトスと結びつくことになった――それによるパティキュラリズムの影響は、ドイツ人の自己理解に長く尾を引いている。

一九四五年以降、ドイツ連邦共和国はこのような「特別意識」から――まずはナチスによる文明の断絶のショックを理解し、消化するのに時間がかかったが——手を切った。それにはまた、主権国家でなかったこと、また両極化した世界のなかでマージナルな存在であったことが幸いしていた。ところが、ソ連の解体とドイツ再統一は、こうした配置を根本から変えてしまった。それゆえに、再び燃え盛る右翼過激派に対する反応を見ていると——また本稿との関連では、庇護権をめぐる欺瞞的な議論を見ていると——拡大されたドイツ連邦共和国ははたして今日、政治的な市民性の増大(politische Zivilisierung)を継続するのか、それとも昔の「特別意識」が形を変えて新たに生じるのか、という疑問が出て来ざるをえない。これは判断がきわめて難しい問題である。というのも、それぞればらばらな歴史的運命を経験したふたつの〔ドイツ人〕国家の市民の倫理的・政治的な自己理解を明確にすることが火急に必要であったのに、いまなおなされていないからである。(＊5)

新しく作られた州が連邦に加盟するという、憲法政策上の疑念を残したやり方は、憲法に関する議論をできなくしてしまった。また首都をどこに置くかという議論がその代わりに引き起こされたが、代理戦争めいたこの議論では、戦線がねじれ現象を起こしていた。かつてのドイツ民主共和国の市民たちはさんざんの屈辱を受け、自分たちの言論の代表者を奪われ、自前の政治的公共圏をも奪取され、当面は違う問題〔生活の問題〕と戦わざるをえなくなっている。精密な議論をする替わりに、火炎瓶が投げられ、ルサンチマンがくすぶっている。国際関係が変わり、国内の状況が変わった以上、新しい解答が求められているにはちがいない。その場しのぎの決定とうすっぺらい情緒的な変化という反応パターンをしているかぎり、このドイツ連邦共和国は、たしかに必要な新しい事態への適応をいったいどういった意識によって、するというのだろうか。

『歴史への呼び返し』(＊6)とか『力へのためらい』(＊7)といったタイトルの本を大急ぎで書いて出版している歴史家たちがいる。彼らは「旧ドイツ連邦共和国からの訣別」、それも昔に戻るかたちでの訣別を提案している。そして、ついさきほどまで誉めたたえていたドイツ戦後民主主義のサクセス・ストーリーを、本当のところは「特別な道」でしかなかったときめつけている始末である。彼らに言わせれば、旧ドイツ連邦共和国においては、戦争に敗れ、分断された国民というアブノーマルな状態が強要され、形をとっていたのであり、今こそ、力を忘れたユートピア主義〔六〇年代後半以降の左翼思想や平和運動〕からこの国民を脱出させ、ヨーロッパの中央に位置する自信を持った有力国家という、ビスマルクが描いた道に呼び返すべきであるというのだ。一九八九年という切れ目を祝う文章の背後には、一九四五年という断絶を認めようとしない連中の欲望が、つまり正常状態なるものへ戻りたいとする欲望、これまでいくども拒否されてきた欲望が隠れ潜んでいる。

このような歴史修正主義の発酵に対しては明確な対案が存在する。それは旧ドイツ連邦共和国からの訣別に対する別の理解であり、また将来に対する異なった展望を切り開くことである。この対案は短期的にはどの問題に関しても異なったオプションにいたる必要は必ずしもない。しかし、ドイツ連邦共和国の西側への結びつきのあり方に別の角度からの光をあてるものである。この西側への結びつきは、賢明ではあってもしょせんはエピソード的なものでしかない外交上の適応によって成立したものではないし、そもそもなんらかの政治的な決定によるものでもない。むしろこの西側への結びつきは、あの特殊ドイツ的な伝統からの深層にまで及ぶ知的な断絶を意味している。つまり、ヴィルヘルム二世の帝国の特徴となり、ヴァイマール共和国の没落を促進したあの伝統からの断絶である。この西側志向はひとつのメンタリティの転換への転轍機の役割を果たしている。すなわち一九六八年の青年の反抗以後、豊かな社会という有利な条件の下ででではあるが、広汎な層に及び、ドイツの地ではじめて民主主義と法治国家が政治文化として根づくことを可能にしたあのメンタリティの転換である。

ドイツ連邦共和国の政治的役割を新しい現実に適応させることが、今日において必要であるには違いないが、その際に、一九八九年まで続いていた政治的な市民性の増大(politische Zivilisierung)のプロセスを、統一に伴う経済的かつ社会的な諸問題の圧力に負けて中断してはならないし、また変貌の結果、もはやエスニックなものに依拠しない、国家公民に基礎をもったネーションとしての自己理解を放棄してはならないのである。

訳注

（＊1）基本法一九条第二項には「いかなる場合にも基本権をその本質的内容に関して侵害してはならない」とある。

（＊2）基本法一九条第四項に、公権力によって自己の権利が侵害された場合には裁判に訴える権利が保障されていることを受けている。

（＊3）「文化国民〔Kulturnation〕」は一八世紀のヘルダーなどが言い出した表現であり、統一によって強国になるよりは、たとえ小国の集合であっても、共通の文化によって結びついたドイツ国民という考え方を重視した表現である。しかし、場合によっては、存在しない統一の代償として文化や言語の共通性を強調するという意味で、かたちを変えた、そしてそれだけに一層頑迷なナショナリズムの方向にも解釈されうるものであったし、事実そうなった。「文化」と「文明」の二項対立が一九世紀後半に異常に強く言われるようになった背景ともなる。しかしまた、とりようによっては、それぞれ異なるドイツ語の文化が、つまり各地方がゆるやかに結合するという意味で、分権制の代弁者にも有効な表現であるし、ドイツの覇権主義を抑えるためにも使われる。ギュンター・グラスなどは後者の意味で用いるが、ハーバーマスはここでは前者の方の、歴史的にとてつもない帰結をもたらした解釈ラインを意識している。

(＊4) 「解放戦争(Befreiungskrieg)」は一八一二—一四年の対ナポレオン戦争のことであるが、当時は「自由戦争(Freiheitskrieg)」とも言われた。多くの学生たちは、自由と権利の実現を夢見て出征したからである。その後も現在にいたるまで、どちらの表現を使うかで、ドイツ史に対するある種の態度が読み取れる。

(＊5) 統一はドイツ諸州の加盟に関する基本法二三条を用いて行われ、その後基本法の必要なところを手直しした(前文やこの二三条や統一の日に効力を停止するといった最後の条文など)。それに対して、統一プロセスに批判的なハーバーマスは、新憲法の制定を目ざすべきであるとする批判を行った。統一にあたって、新たに憲法確認・制定の国民投票をすべきであったのに、東ドイツの「編入」というかたちで統一がなされた事態への批判である。ここは本書の「ドイツ・マルク・ナショナリズム」の主張を受けている。

(＊6) Karlheinz Weißmann, *Rückruf in die Geschichte*, Berlin 1992 を指している。

(＊7) Gregor Schöllgen, *Angst vor der Macht. Die Deutschen und ihre Außenpolitik*, Berlin/Frankfurt a. M. 1983. を指している。

訳者あとがき

哲学者および社会学者であるユルゲン・ハーバーマスの名前は、すでにかなり知られている。アメリカの哲学者ローティが、大西洋文化圏の中で現在生きている人の中では、フランスのデリダと並んで、ハーバーマスは最も議論に値する思想家であると述べたことがあるが、そのとおりかもしれない。議論に値するとは、「ここまではついていけるが、ここからは見解が分かれるというところを明確にしておく必要のある同僚である」という意味だと、ローティはつけ加えていた。

とはいえ、哲学と社会学の両方にまたがるゆえか、あるいは、専門用語がなかなか漢字の組み合わせになじみにくいゆえか、やっとの思いで漢字を組み合わせた見慣れぬ合成語ではとっつきにくいせいか、ハーバーマスの知的営みは、著者本人に対して読者が、また読者同士が、「ここまではついていけるがここからは見解が分かれる」というところを明確にしうるほどにまで、日本で広く読まれているとは言いがたい。ドイツ観念論、西欧マルクス主義、新カント派、ヴェーバー、ニーチェ、ホルクハイマーとアドルノの批判理論、プラグマティズム、現象学、ハイデガー、解釈学、行為論、デュルケーム、パーソンズ、ルーマンのシステム論、ユダヤ神秘主義、ヴィトゲンシュタイン、ベンヤミン、言語論的転回以降の言語分析、言語行為論などなど、彼が渉猟している知的分野があまりにも広大なこともあるかもしれない。しかし、なにより、一九四五年以降の、もう少し狭くは一九六〇年代後半以降の学問と社会の関係の変化、それに伴う学問のスタイルの変化が、我々の知的風土とは遠いところに最も大きな理由があろう。

遅くとも六〇年代の学生反乱以降は、学問は知への特権的な通路ではなくなった。そのことは解釈学だけが明らかにしたわけではない。また、学者が「偉い」わけでもなくなった。そのことは学者の社会的位置の変化という社会学的事実によるだけでもない。学問は、社会に作用するだけでなく、社会の側も対等に学問に影響を与えるようになった。学問は、かつてよりもはるかに、それについて公的・私的にさまざまな場でさまざまな人々が批判的に論ずる対象もしくは話題となった。学問と社会は、直接的には無関係だが、さまざまなチャンネルを通じて接触が起きるようになっている。そこには、学者・知識人の名の下に「民衆」に語りかけ「反対運動」を領導する「進歩的文化人」が想定している場は消えているし、マクス・ヴェーバー研究者に見られがちな近代社会の運命に思いをいたすドン・キホーテぶりは、唯我独尊に等しいであろう。また、形而上学の解体と存在の運命を論じる哲学者が我関せずとしていられる時代でもなくなっている――日本語で「学問」という言葉があまりに人げさに響くのもそのせいかもしれない――。そうした「ポスト形而上学」の時代の理論の可能性を追求し、批判の意味を模索し、たえず変貌する資本主義のそのつどの様態の理論化と政治参加の多元化を試み、人権の意味を新たに定義し直しながら、同時に複雑に多様化する差別や権利の剝奪を問題化し、一元的アイデンティティを最も批判し、ナショナルなものやエスニックなものへの濃縮還元を拒否する知のあり方、相互に選択しうる多様なライフスタイルの存在がごく当たり前でありながら、その相互調整が、プライベートにもパブリックにも、インターナショナルにも最も困難な問題となってきている我々の時代の知の検討――こうした「ポスト形而上学的」な知の条件を論じるハーバーマスは、政治運動や市民運動のような具体主義的な運動と学問とが、そして時代への根本的反省をめざす哲学とが分裂しやすい日本のこの数十年の風土にはなじみにくいし、難解かもしれない。ハーバーマスの理論が、先に挙げたさまざまな知的分野を渉猟し、そこからの借用と転用を行い、人によっては「他人の褌で相撲を取る」ように見えるのは、この数十年の新たな事態に相応している。我々の時代の知のあり方は、二〇世紀前半までの知のあり方と大きく異なっているはずである。「おそらくは六〇年代のある時期に大きく社会が変わった」（フレデリック・ジェイムソン）という直観は、多くの人が共有しているであろうが、それが学問と社会の関係の変わり方をも含み、そのこと自体が理論化される必要があるという認識が多くの人に共有されているかはいささか疑わしい。

本書は、そうしたハーバーマスの、例外もあるが主として岩波書店の雑誌『思想』に掲載された、多少とも直接的な政治的・文化的発言を集めたものである。著者の多面的な理論的論考から見れば、どちらかと言えば一筆書きの批判的エッセイが多い。これらから、精緻に構築された彼の、例えば「コミュニケーション的行為」の理論を十全に推し量るのは無理であるが、本書に寄せた著者自身の「序文」にもあるとおり、哲学的背景がまったく見えないわけではない。しかし、それは理論的に見えてくる、というよりも、主としてドイツの政治的・文化的状況についての発言の姿勢から、批判の言葉使いや視線の動きから、そしてなによりも批判のパースペクティヴと位置づけに関する時には明白な、時には暗示的な発言から、彼の「現実と妥協しない現実主義」(「おくればせの革命」)をいわば嗅ぎ取るべきものであろう。そこには、自分自身の過去の業績について自慢げに語る——学徒動員の時代から戦後にかけて苦労して学んだ——この国の多くの学者たちとは、そして、自分自身の経験やエヴィデンスに固執する多くの著述家とはまったく違った姿勢がある。断っておくが、この「違った姿勢」は、人柄の謙虚さといった個人的姿勢のことではなく、それ自身としてもちろん、批判しうる社会認識論上の姿勢である。それは、ハーバーマスが連帯を論じるときでも、心情的な連帯ではなく、あくまで民主主義社会の制度化された連帯（例えば社会福祉制度のような、また二重国籍のような、あるいは学会の議論の規則のような）であることと同じに重要である。批判の可能性を取り払って私人道徳化した社会哲学ほど、二次的美徳に近づく危険を宿したものはない。それに対して、彼の哲学は、自分の神を作らない哲学である。ヴェーバーの言う「神々の闘争」は、事態のまだ「形而上学的な」表現でしかなかった。可謬主義的な理解にもとづく、つまり論争し得るような表現で問題を提示することで、世界観の闘争ではない次元で議論することを可能にする知的戦略が、そして、その上で認識論上の連帯を維持しながらの議論の激しさが、もしも文脈から伝わらないならば、その責任は、訳者にある。

冒頭に触れたローティは、「それでも私と、デリダとハーバーマスがもし同じ国の市民であったら、選挙で選ぶ政党や、個々の政治的テーマに関して選ぶ立場は、おそらくほとんど変わりないだろう」と述べている。こうした見方には、哲学とデモクラシーを、そして哲学と社会をめぐるローティ自身の見解も反映しているが、この点も、それ以前とは異なるこの数十年の西側社会の経験を反映していて面白い。さらには、デリダ自身が、ドイツ統一のプロセス及びその後の状況に関するハーバーマスの政治的発言に「連帯」と「賛意」を表していることも重要であろう（『ツァイト』紙一九九八年三月五日、インタビュー）。

だが、それはまた、たとえ支持政党が同じであっても、また人権、社会福祉などの個々の政治的テーマについての意見にそれほど差がないとしても、個々の根拠に関してはおたがいに大きく異なり、そうした知的ポジショニングの相違について、「ここまではついていけるが、ここからは見解が分かれる」ことを示す激しい議論が闘わされることでもある。その点では、ドイツに遅れて入ってきたポスト構造主義の支持者たちからも、フェミニズムに代表される差異の哲学の主張者たちからも、ハーバーマスの思想は激しい――ときとして〈世界観的な〉――批判に曝されていることも事実である。本書はポスト・モダンを論じた最初の論考以外には、そうした問題領域に直接に関わるものはない（この「近代 未完のプロジェクト」では、フレデリック・ジェイムソンも言うとおり、ドイツの特殊な状況からハーバーマス本人がいささか問題を〈道徳化〉していることも否めない）。いずれ、その方面の論考を集めて、賛成であれ、反対であれ、それぞれが「ここまでしかついていけない」と言い得るための議論の素材を提供する予定であるが、今回は、〈時局〉に関わる普遍的主張に限定せざるを得なかった。また、背景をなす、殺戮の時代に翻弄された二〇世紀の哲学者たちについての彼が描くプロフィール集もいずれ編む予定である。

以下に掲載順に初出を挙げておく。

「近代 未完のプロジェクト」(『思想』一九八二年六月号)

「一種の損害補償」辰巳伸知訳（『過ぎ去ろうとしない過去』人文書院、一九九五年）
「核時代の市民的不服従」（『世界』一九八四年七月号）
「遅ればせの革命と左翼の見直しの必要」（『遅ればせの革命』岩波書店、一九九二年）
「ドイツ・マルク・ナショナリズム」（『思想』一九九〇年七月号）
「今日における「過去の消化」とはなにか？」（『思想』一九九二年一二月号）
「ドイツは普通の国民国家になったのか」（『思想』一九九三年一〇月号）
「ヨーロッパ要塞と新しいドイツ」（『思想』一九九三年一一月号）

このリストからも分かるとおり、いわゆる「歴史家論争」のきっかけになった「一種の損害補償」は、畏友の辰巳伸知氏の既訳を参考に改訳させていただいた。それ以外の拙訳も、今回、岩波現代文庫に収めるにあたって、全面的に改訂を施した。

必要と思われる時には本文中に〔　〕で文章を補った。また訳注は、最低限にとどめ、おそらく日本語の世界にカタカナ表記では今回を最後に当分、登場しないであろうと思われるような人物にまで広げることはしなかった。

三島憲一

本書は、岩波現代文庫のために編集された。

近代 未完のプロジェクト
J. ハーバーマス

2000年1月14日 第1刷発行
2019年6月14日 第6刷発行

編訳者 三島憲一《みしまけんいち》

発行者 岡本 厚

発行所 株式会社 岩波書店
〒101-8002 東京都千代田区一ツ橋2-5-5

案内 03-5210-4000 営業部 03-5210-4111
現代文庫編集部 03-5210-4136
https://www.iwanami.co.jp/

印刷・精興社 製本・中永製本

ISBN 4-00-600006-5 Printed in Japan

岩波現代文庫の発足に際して

新しい世紀が目前に迫っている。しかし二〇世紀は、戦争、貧困、差別と抑圧、民族間の憎悪等に対して本質的な解決策を見いだすことができなかったばかりか、文明の名による自然破壊は人類の存続を脅かすまでに拡大した。一方、第二次大戦後より半世紀余の間、ひたすら追い求めてきた物質的豊かさが必ずしも真の幸福に直結せず、むしろ社会のありかたを歪め、人間精神の荒廃をもたらすという逆説を、われわれは人類史上はじめて痛切に体験した。

それゆえ先人たちが第二次世界大戦後の諸問題といかに取り組み、思考し、解決を模索したかの軌跡を読みとくことは、今日の緊急の課題であるにとどまらず、将来にわたって必須の知的営為となるはずである。幸いわれわれの前には、この時代の様ざまな葛藤から生まれた、人文、社会、自然諸科学をはじめ、文学作品、ヒューマン・ドキュメントにいたる広範な分野のすぐれた成果の蓄積が存在する。

岩波現代文庫は、これらの学問的、文芸的な達成を、日本人の思索に切実な影響を与えた諸外国の著作とともに、厳選して収録し、次代に手渡していこうという目的をもって発刊される。いまや、次々に生起する大小の悲喜劇に対してわれわれは傍観者であることは許されない。一人ひとりが生活と思想を再構築すべき時である。

岩波現代文庫は、戦後日本人の知的自叙伝ともいうべき書物群であり、現状に甘んずることなく困難な事態に正対して、持続的に思考し、未来を拓こうとする同時代人の糧となるであろう。

（二〇〇〇年一月）

G344
〈物語と日本人の心〉コレクションI
源氏物語と日本人 ―紫マンダラ―
河合隼雄
河合俊雄編

『源氏物語』の主役は光源氏ではなく、紫式部だった？ 臨床心理学の視点から、現代社会を生きる日本人が直面する問題を解く鍵を提示。〈解説〉河合俊雄

G345
〈物語と日本人の心〉コレクションII
物語を生きる ―今は昔、昔は今―
河合隼雄
河合俊雄編

日本の王朝物語には、現代人が自分の物語を作るための様々な知恵が詰まっている。河合隼雄が心理療法家独特の視点から読み解く。〈解説〉小川洋子

G346
〈物語と日本人の心〉コレクションIII
神話と日本人の心
河合隼雄
河合俊雄編

日本人の心性の深層に存在する日本神話の意味と魅力を、世界の神話・物語との比較の中で分析し、現代社会の課題を探る。〈解説〉中沢新一

G347
〈物語と日本人の心〉コレクションIV
神話の心理学 ―現代人の生き方のヒント―
河合隼雄
河合俊雄編

神話の中には、生きるための深い知恵が詰まっている！ 現代人が人生において直面する悩みの解決にヒントを与える「神々の処方箋」。〈解説〉鎌田東二

G348
〈物語と日本人の心〉コレクションV
昔話と現代
河合隼雄
河合俊雄編

昔話に出てくる殺害、自殺、変身譚、異類聟、夢などは何を意味するのか。現代人の心の課題を浮き彫りにする論集。岩波現代文庫オリジナル版。〈解説〉岩宮恵子

2019.5

岩波現代文庫［学術］

G349
〈物語と日本人の心〉コレクションⅥ 定本 昔話と日本人の心
河合隼雄
河合俊雄編
ユング心理学の視点から、昔話のなかに日本人独特の意識を読み解く。著者自身による解題を付した定本。〈解説〉鶴見俊輔

G350
改訂版 なぜ意識は実在しないのか
永井均
「意識」や「心」が実在すると我々が感じる根拠とは？　古くからの難問に独在論と言語哲学・分析哲学の方法論で挑む。進化した永井ワールドへ誘う全面改訂版。

G351-352
定本 丸山眞男回顧談（上・下）
松沢弘陽
植手通有編
平石直昭
自らの生涯を同時代のなかに据えてじっくりと語りおろした、昭和史の貴重な証言。読解に資する注を大幅に増補した決定版。下巻に人名索引、解説（平石直昭）を収録。

G353
宇宙の統一理論を求めて
―物理はいかに考えられたか―
風間洋一
太陽系、地球、人間、それらを造る分子、原子、素粒子。この多様な存在と運動形式をどのように統一的にとらえようとしてきたか。科学者の情熱を通して描く。

G354
トランスナショナル・ジャパン
―ポピュラー文化がアジアをひらく―
岩渕功一
一九九〇年代における日本の「アジア回帰」を通して、トランスナショナルな欲望と内向きのナショナリズムとの危うい関係をあぶり出した先駆的研究が最新の論考を加えて蘇る。

2019.5

G355
ニーチェかく語りき
三島憲一

ニーチェを後世の芸術家や思想家はどう読んだのか。ハイデガーや三島由紀夫らが共感した言葉を紹介し、ニーチェ読解の多様性を論ずる。岩波現代文庫オリジナル版。

G356
江戸の酒
―つくる・売る・味わう―
吉田元

酒づくりの技術が確立し、さらに洗練されていった江戸時代の、日本酒をめぐる歴史・社会・文化を、史料を読み解きながら精細に描き出す。〈解説〉吉村俊之

G357
増補 日本人の自画像
加藤典洋

日本人というまとまりの意識によって失われたものとは何か。開かれた共同性に向けた、「内在」から「関係」への〝転轍〟は、どのようにして可能となるのか。

G358
自由の秩序
―リベラリズムの法哲学講義―
井上達夫

「自由とは何か」を理解するには、「自由」を可能にする秩序を考えなくてはならない。法哲学の第一人者が講義形式でわかりやすく解説。

G359-360
「萬世一系」の研究（上・下）
―「皇室典範的なるもの」への視座―
奥平康弘

新旧二つの皇室典範の形成過程を歴史的に検証、日本国憲法下での天皇・皇室のあり方について議論を深めるための論点を提示する。〈解説〉長谷部恭男（上）、島薗進（下）

G367
アイヒマン調書
―ホロコーストを可能にした男―
ヨッヘン・フォン・ラング編
小俣和一郎訳

ナチスによるユダヤ人殺戮のキーマン、アイヒマン。八カ月、二七五時間にわたる尋問調書から浮かび上がるその人間像とは？〈解説〉芝 健介

G368
新版 はじまりのレーニン
中沢新一

西欧形而上学の底を突き破るレーニンの唯物論はどのように形成されたのか。ロシア革命一〇〇年の今、誰も書かなかったレーニン論が蘇る。

G369
歴史のなかの新選組
宮地正人

信頼に足る史料を駆使して新選組のリアルな実像に迫り、幕末維新史のダイナミックな構造の中でとらえ直す、画期的〝新選組史論〟。「浪士組・新徴組隊士一覧表」を収録。

G370
新版 漱石論集成
柄谷行人

思想家柄谷行人にとって常に思考の原点であった漱石に関する評論、講演録等を精選し、集成。同時代の哲学・文学との比較など多面的な切り口からせまる漱石論の決定版。

G371
ファインマンの特別講義
―惑星運動を語る―
D・L・グッドスティーン
J・R・グッドスティーン
砂川重信訳

知られざるファインマンの名講義を再現。三角形の合同・相似だけで惑星の運動を説明。再現にいたる経緯やエピソードも印象深い。

2019.5

岩波現代文庫[学術]

G372
ラテンアメリカ五〇〇年
—歴史のトルソー—
清水透

ヨーロッパによる「発見」から現代まで、約五〇〇年にわたるラテンアメリカの歴史を、独自の視点から鮮やかに描き出す講義録。

G373
〈仏典をよむ〉1 ブッダの生涯
中村元
前田專學監修

誕生から悪魔との闘い、最後の説法まで、ブッダの生涯に即して語り伝えられている原始仏典を、仏教学の泰斗がわかりやすくよみ解く。〈解説〉前田專學

G374
〈仏典をよむ〉2 真理のことば
中村元
前田專學監修

原始仏典で最も有名な「法句経」、仏弟子たちの「告白」、在家信者の心得など、人の生きる指針を説いた数々の経典をわかりやすく解説。〈解説〉前田專學

G375
〈仏典をよむ〉3 大乗の教え(上)
—般若心経・法華経ほか—
中村元
前田專學監修

『般若心経』『金剛般若経』『維摩経』『法華経』『観音経』など、日本仏教の骨格を形成した初期の重要な大乗仏典をわかりやすく解説。〈解説〉前田專學

G376
〈仏典をよむ〉4 大乗の教え(下)
—浄土三部経・華厳経ほか—
中村元
前田專學監修

浄土教の根本経典である浄土三部経、菩薩行を強調する『華厳経』、護国経典として名高い『金光明経』など日本仏教に重要な影響を与えた経典を解説。〈解説〉前田專學

2019.5

G377
済州島四・三事件
―「島《タムナ》のくに」の死と再生の物語―
文京洙

一九四八年、米軍政下の朝鮮半島南端・済州島で多くの島民が犠牲となった凄惨な事件。長年封印されてきたその実相に迫り、歴史と真実の恢復への道程を描く。

G378
平面論
―一八八〇年代西欧―
松浦寿輝

イメージの近代は一八八〇年代に始まる。さまざまな芸術を横断しつつ、二〇世紀の思考の風景を決定した表象空間をめぐる、チャレンジングな論考。〈解説〉島田雅彦

G379
新版 哲学の密かな闘い
永井均

人生において考えることは闘うこと――哲学者・永井均の、「常識」を突き崩し、真に考える力を養う思考過程がたどれる論文集。

G380
ラディカル・オーラル・ヒストリー
―オーストラリア先住民アボリジニの歴史実践―
保苅実

他者の〈歴史実践〉との共奏可能性を信じ抜く――それは、差異と断絶を前に立ち竦む世界に、歴史学がもたらすひとつの希望。〈解説〉本橋哲也

G381
臨床家 河合隼雄
谷川俊太郎
河合俊雄編

多方面で活躍した河合隼雄の臨床家としての姿を、事例発表の記録、教育分析の体験談、インタビューなどを通して多角的に捉える。

2019.5

岩波現代文庫［学術］

G382
思想家 河合隼雄
中沢新一
河合俊雄 編

心理学の枠をこえ、神話・昔話研究から日本文化論まで広がりを見せた河合隼雄の著作。多彩な分野の識者たちがその思想を分析する。

G383
河合隼雄語録
カウンセリングの現場から
河合隼雄
河合俊雄 編

京大の臨床心理学教室での河合隼雄のコメント集。臨床家はもちろん、教育者、保護者などにも役立つヒント満載の「こころの処方箋」。〈解説〉岩宮恵子

G384
新版 占領の記憶 記憶の占領
―戦後沖縄・日本とアメリカ―
マイク・モラスキー
鈴木直子 訳

日本にとって、敗戦後のアメリカ占領は何だったのだろうか。日本本土と沖縄、男性と女性の視点の差異を手掛かりに、占領文学の時空間を読み解く。

G385
沖縄の戦後思想を考える
鹿野政直

苦難の歩みの中で培われてきた曲折に満ちた沖縄の思想像を、深い共感をもって描き出し、沖縄の「いま」と向き合う視座を提示する。

G386
沖縄の淵
―伊波普猷とその時代―
鹿野政直

「沖縄学」の父・伊波普猷。民族文化の自立と従属のはざまで苦闘し続けたその生涯と思索を軸に描き出す、沖縄近代の精神史。

2019. 5

G387
『碧巌録』を読む
末木文美士
「宗門第一の書」と称され、日本の禅に多大な影響をあたえた禅教本の最高峰を平易に読み解く。「文字禅」の魅力を伝える入門書。

G388
永遠のファシズム
ウンベルト・エーコ
和田忠彦訳
ネオナチの台頭、難民問題など現代のアクチュアルな問題を取り上げつつファジーなファシズムの危険性を説く、思想的問題提起の書。

G389
自由という牢獄
―責任・公共性・資本主義―
大澤真幸
大澤自由論が最もクリアに提示される主著が文庫に。自由の困難の源泉を探り当て、その新しい概念を提起。河合隼雄学芸賞受賞作。

G390
確率論と私
伊藤清
日本の確率論研究の基礎を築き、多くの俊秀を育てた伊藤清。本書は数学者になった経緯や数学への深い思いを綴ったエッセイ集。

G391-392
幕末維新変革史(上・下)
宮地正人
世界史的一大変革期の複雑な歴史過程の全容を、維新期史料に通暁する著者が筋道立てて描き出す、幕末維新通史の決定版。下巻に略年表・人名索引を収録。

岩波現代文庫［学術］

G393
不平等の再検討
―潜在能力と自由―
アマルティア・セン
池本幸生
野上裕生 訳
佐藤　仁

不平等はいかにして生じるか。所得格差の面からだけでは測れない不平等問題を、人間の多様性に着目した新たな視点から再考察。

G394-395
墓標なき草原（上・下）
―内モンゴルにおける文化大革命・虐殺の記録―
楊　海　英

文革時期の内モンゴルで何があったのか。体験者の証言、同時代資料、国内外の研究から、隠蔽された過去を解き明かす。司馬遼太郎賞受賞作。〈解説〉藤原作弥

G396
過労死・過労自殺の現代史
―働きすぎに斃れる人たち―
熊　沢　誠

ふつうの労働者が死にいたるまで働くことによって支えられてきた日本社会。そのいびつな構造を凝視した、変革のための鎮魂の物語。

G397
小林秀雄のこと
二宮正之

自己の知の限界を見極めつつも、つねに新たな知を希求し続けた批評家の全体像を伝える本格的評論。芸術選奨文部科学大臣賞受賞作。

G398
反転する福祉国家
―オランダモデルの光と影―
水島治郎

「寛容」な国オランダにおける雇用・福祉改革と移民排除。この対極的に見えるような現実の背後にある論理を探る。

G399
テレビ的教養
―一億総博知化への系譜―
佐藤卓己

「一億総白痴化」が危惧された時代から約半世紀。放送教育運動の軌跡を通して、〈教養のメディア〉としてのテレビ史を活写する。〈解説〉藤竹　暁

G400
ベンヤミン
―破壊・収集・記憶―
三島憲一

二〇世紀前半の激動の時代に生き、現代思想に大きな足跡を残したベンヤミン。その思想と生涯に、破壊と追憶という視点から迫る。

G401
新版 天使の記号学
―小さな中世哲学入門―
山内志朗

世界は〈存在〉という最普遍者から成る生地の上に性的欲望という図柄を織り込む。〈存在〉のエロティシズムに迫る中世哲学入門。〈解説〉北野圭介

G402
落語の種あかし
中込重明

博覧強記の著者は膨大な資料を読み解き、落語成立の過程を探り当てる。落語を愛した著者面目躍如の種あかし。〈解説〉延広真治

G403
はじめての政治哲学
デイヴィッド・ミラー
山岡龍一・森　達也 訳

哲人の言葉でなく、普通の人々の意見・情報を手掛かりに政治哲学を論じる。最新のものまでカバーした充実の文献リストを付す。〈解説〉山岡龍一

2019. 5